EL LIBRO DE COCINA DEFINITIVO PARA LOS SÁNDWICHES

Eleva tu juego de sándwiches con más de 100 deliciosas recetas con ingredientes frescos, combinaciones clásicas y giros únicos

Carlos Cortes

TABLA DE CONTENIDO

INTRODUCCIÓN

¿Estás cansado de las mismas combinaciones de sándwich de siempre? ¿Quieres impresionar a tus amigos y familiares con sándwiches creativos y deliciosos? ¡No busque más allá de The Ultimate Sandwich Cookbook!

Este libro de cocina presenta más de 100 recetas de sándwiches que satisfarán cualquier antojo, desde combinaciones clásicas como BLT y queso a la parrilla, hasta giros únicos como un sub inspirado en banh mi o una envoltura de verduras a la parrilla y hummus. Cada receta incluye ingredientes frescos e instrucciones fáciles de seguir que te ayudarán a crear sándwiches increíbles en muy poco tiempo.

Pero no se trata solo de los rellenos: este libro de cocina también incluye recetas para panes, panecillos y untables caseros que llevarán sus sándwiches al siguiente nivel. Ya sea que esté buscando un almuerzo rápido, un refrigerio de picnic o un plato de fiesta que complazca a la multitud, The Ultimate Sandwich Cookbook lo tiene cubierto.

Entonces, ¿por qué conformarse con sándwiches aburridos cuando puede elevar su juego de sándwiches con este libro de cocina? Con recetas para cada ocasión y gusto, nunca se quedará sin deliciosas ideas para sándwiches.

libro de recetas de sándwiches, recetas de sándwiches, sándwiches creativos, deliciosos sándwiches, ingredientes frescos, giros únicos, combinaciones clásicas, pan casero, pastas para untar, almuerzo, picnic, plato de fiesta.

1. <u>**Tomates Apilados Con Camarones Al Curry**</u>

Hace 4 porciones

INGREDIENTES

- 4 tomates reliquia grandes
- 6 cucharadas de mayonesa baja en grasa
- 1 cucharadita de curry en polvo
- 1/4 cucharadita de sal
- 1/4 cucharadita de jengibre molido
- 3/4 de libra de camarones cocidos pelados y desvenados
- 1 costilla de apio, picada
- 1/2 taza de pepino finamente picado
- 1 naranja navel pequeña, pelada y picada finamente
- 2 cebollas verdes, en rodajas finas

INSTRUCCIONES

a) Recorta y corta cada tomate en tres rodajas gruesas; escurrir sobre toallas de papel.

b) En un tazón grande, mezcle la mayonesa y los condimentos; agregue los ingredientes restantes. Para cada porción, apila tres rebanadas de tomates y cubre con la mezcla de camarones.

2. <u>Sándwich de pavo y aguacate</u>

INGREDIENTES

- 2 rebanadas de pan integral
- 2-3 rebanadas de pechuga de pavo
- 1/4 aguacate, en rodajas
- 1 rebanada de queso cheddar
- 1 cucharada de mayonesa
- 1 cucharadita de mostaza Dijon
- Lechuga y tomate, opcional

INSTRUCCIONES :

a) Tostar las rebanadas de pan hasta que estén ligeramente doradas.
b) Unte mayonesa y mostaza Dijon en un lado de cada rebanada de pan.
c) Coloque en capas el pavo, el aguacate, el queso, la lechuga y el tomate entre las rebanadas de pan.
d) Cortar el sándwich por la mitad y servir.

3. <u>Sándwich de verduras y hummus</u>

INGREDIENTES

- 2 rebanadas de pan integral
- 2 cucharadas de hummus
- 1/4 taza de zanahorias ralladas
- 1/4 taza de pepino en rodajas
- 1/4 taza de pimiento rojo en rodajas
- 1 rebanada de queso cheddar
- Sal y pimienta para probar

INSTRUCCIONES :

a) Tostar las rebanadas de pan hasta que estén ligeramente doradas.
b) Extienda hummus en un lado de cada rebanada de pan.
c) Coloque las zanahorias ralladas, el pepino en rodajas, el pimiento rojo y el queso cheddar entre las rebanadas de pan.
d) Sazone con sal y pimienta al gusto.
e) Cortar el sándwich por la mitad y servir.

4. <u>Sándwich de ensalada de atún</u>

INGREDIENTES

- 2 rebanadas de pan blanco
- 1 lata de atún, escurrido
- 1/4 taza de apio picado
- 1/4 taza de cebolla picada
- 2 cucharadas de mayonesa
- 1 cucharadita de mostaza Dijon
- Sal y pimienta para probar
- Lechuga y tomate, opcional

INSTRUCCIONES :

a) Tostar las rebanadas de pan hasta que estén ligeramente doradas.
b) En un tazón, mezcle el atún, el apio, la cebolla, la mayonesa, la mostaza Dijon, la sal y la pimienta.
c) Coloque la ensalada de atún, la lechuga y el tomate entre las rebanadas de pan.
d) Cortar el sándwich por la mitad y servir.

5. <u>Sándwich de queso eddar a la parrilla</u>

INGREDIENTES

- 2 rebanadas de pan de masa madre
- 2 rebanadas de queso cheddar
- 2 cucharadas de mantequilla

INSTRUCCIONES :

a) Caliente una sartén antiadherente a fuego medio.

b) Unte con mantequilla un lado de cada rebanada de pan.

c) Coloque una rebanada de pan, con la mantequilla hacia abajo, en la sartén.

d) Cubra con las rebanadas de queso cheddar y la segunda rebanada de pan, con la mantequilla hacia arriba.

e) Cocine hasta que el pan esté dorado y el queso se derrita, aproximadamente 2-3 minutos por lado.

f) Cortar el sándwich por la mitad y servir.

6. <u>Sándwich BLT</u>

INGREDIENTES

- 2 rebanadas de pan blanco
- 3 tiras de tocino, cocidas
- 1/4 aguacate, en rodajas
- 2 rodajas de tomate
- 1 cucharada de mayonesa
- Lechuga

INSTRUCCIONES :

a) Tostar las rebanadas de pan hasta que estén ligeramente doradas.
b) Unte mayonesa en un lado de cada rebanada de pan.
c) Coloca en capas el tocino, el aguacate, el tomate y la lechuga entre las rebanadas de pan.
d) Cortar el sándwich por la mitad y servir.

7. <u>Sándwich Rubén De Tocino Y Coco</u>

PARA 4 SANDWICHES

INGREDIENTES
- 1 receta de pan plano de centeno
- 1 receta de tu Queso favorito
- 1 receta de tocino de coco o tocino de berenjena
- 1 receta de Aderezo Mil Islas
- 1 taza de tu chucrut favorito

INSTRUCCIONES:
a) Coloque una rebanada de Rye Flatbread en cada uno de los cuatro platos para servir.
b) Untar con una capa de Queso.
c) Cubra con rebanadas de tocino de coco y rocíe con aderezo Thousand Island.
d) Cubra con chucrut y una segunda pieza de pan plano, y sirva de inmediato.

8.   <u>Queso A La Parrilla Y Tomate</u>

PARA 4 PORCIONES

INGREDIENTES
- 8 rebanadas de Pan de Calabacín o Pan de Girasol
- 1 receta de tu Salsa de Queso favorita
- 1 tomate, sin semillas y en rodajas gruesas

INSTRUCCIONES:
a) Coloque una rebanada de pan en cada uno de los cuatro platos para servir. Unte cada uno con aproximadamente ¼ de taza de queso.
b) Cubra con una rodaja de tomate y una segunda rebanada de pan.
c) Servir inmediatamente.

9. Lox, Tomate, Cebolla Roja Y Alcaparras

PARA 4 SANDWICHES

INGREDIENTES

- 8 rebanadas de tu pan favorito
- ¼ taza de mayonesa alioli
- 1 tomate, sin semillas y en rodajas
- 1 taza de mango en rodajas o carne de coco tierna tailandesa
- ½ taza de rúcula
- ¼ taza de cebolla roja en rodajas
- ¼ taza de alcaparras escurridas

INSTRUCCIONES:

a) Coloque una rebanada de pan en cada uno de los cuatro platos para servir. Unte cada porción con 2 cucharadas de mayonesa de alioli.

b) Cubra con las rodajas de tomate, luego el mango, la rúcula, la cebolla y las alcaparras, y finalmente el pan restante.

c) Se mantendrá durante varias horas.

10.   club azul

PARA 4 PORCIONES

INGREDIENTES

- 12 rebanadas de Pan de Calabacín o Pan de Girasol
- 1 receta Mayonesa alioli
- 8 hojas de lechuga iceberg
- 1 tomate, sin semillas y en rodajas
- 1 aguacate maduro, sin hueso y en rodajas
- 1 receta de tocino de coco

INSTRUCCIONES:

a) Coloque una rebanada de pan en cada uno de los cuatro platos para servir y unte con un par de cucharadas de mayonesa. Cubra cada porción con una hoja de lechuga, luego una rodaja de tomate, un poco de aguacate y luego otra rebanada de pan. Unte esa rebanada con mayonesa adicional y cubra con rebanadas de tocino de coco, lechuga y tomate. Extienda un par de cucharadas de mayonesa en un lado de las rebanadas de pan restantes y coloque el lado de la mayonesa hacia abajo sobre sus sándwiches.

b) El sándwich ensamblado se mantendrá durante unas horas.

11.   <u>Ensalada De Atún Simulado</u>

PARA 4 PORCIONES

INGREDIENTES

- 1 receta Mayonesa alioli
- 3 tazas de pulpa de zanahoria
- 1 taza de apio picado
- ¼ taza de cebolla amarilla picada
- 1 receta de tu pan favorito

INSTRUCCIONES:

a) Coloque la mayonesa de alioli, la pulpa de zanahoria, el apio y la cebolla en un tazón para mezclar. Mezclar bien.

b) Arme sus sándwiches untando una cuarta parte de la mezcla entre dos rebanadas de pan. Cubra con rodajas de tomate y lechuga iceberg. Repita para hacer los sándwiches restantes.

c) Los sándwiches ensamblados se mantendrán durante un par de horas. La ensalada de atún simulada se mantendrá durante 2 días si se almacena por separado en el refrigerador.

12. <u>Sándwich abierto de canela y manzana</u>

PARA 4 PORCIONES

INGREDIENTES

- 1 receta de mantequilla de miso, mantequilla de vainilla, mantequilla de lavanda o mantequilla de chocolate
- 1 manzana, sin corazón y en rodajas
- ¼ taza de jarabe de agave
- 1 cucharadita de canela molida

INSTRUCCIONES:

a) Coloque una rebanada de pan en cada uno de los cuatro platos para servir. Unte cada rebanada con su elección de mantequilla.

b) Cubra con rodajas de manzana, rocíe con jarabe de agave y espolvoree canela encima.

c) Se mantendrá por un día.

13. <u>Sándwiches de calabaza y queso</u>

Rinde: 16 porciones

INGREDIENTES :
- 16 rebanadas Pan blanco o integral
- 8 rebanadas Queso blanco como Jack
- 4 grandes aceitunas negras deshuesadas
- 8 rebanadas Queso cheddar
- 1 lata aceitunas negras picadas
- 4 grandes aceitunas verdes deshuesadas
- 12 Rodajas de pimiento

INSTRUCCIONES:
a)   Presione el cortador de galletas fantasma en 1 rebanada de pan. Corte y deseche el exceso de pan alrededor del cortador; Ponga un trozo de pan en forma de fantasma a un lado. Repita con 7 rebanadas de pan más.

b)   Usando un cortador de galletas de calabaza, corte el pan restante en forma de calabaza de la misma manera.

c)   Tostar "fantasmas" y "calabazas" debajo del asador hasta que estén doradas, aproximadamente 1 minuto. Voltee y repita del otro lado.

d)   Retire el pan del horno y reserve. Use un cortador de galletas fantasma para cortar 8 formas fantasma de rebanadas de queso blanco. Con un cuchillo pequeño y afilado, corte dos orificios para los ojos en cada rebanada de queso blanco. Asegúrate de que los "ojos" sean lo suficientemente grandes para permanecer abiertos cuando el queso se derrita. Cortar las aceitunas negras por la mitad a lo largo.

e)   Coloque sobre rebanadas de pan fantasma donde irán los ojos de los fantasmas. Coloque 1 rebanada de queso blanco en forma de fantasma sobre 1 rebanada de pan fantasma con orificios para los ojos sobre las aceitunas. Repita con el resto del pan fantasma y el queso blanco.

f)   Use un cortador de galletas de calabaza para cortar 8 formas de calabaza de rebanadas de queso naranja. Corta 2 orificios para los ojos y la boca en cada rebanada de queso. Cubra la superficie de las rebanadas de pan de calabaza con aceitunas negras picadas. Cortar las aceitunas verdes por la mitad a lo largo.

g)   Coloque una rodaja de aceituna verde en el tallo y córtela para que encaje. Coloque el queso de naranja sobre el pan y las aceitunas. Ponga rodajas de pimiento.

h)   Coloque todos los sándwiches en una bandeja para hornear y colóquelos debajo del asador hasta que el queso se derrita ligeramente, de 1 a 2 minutos.

14. <u>Sándwich de pato a la parrilla</u>

Rinde: 2 porciones

INGREDIENTES:
- 1 carne de pato de 1 pato asado entero
- 1 taza de salsa barbacoa casera o preparada
- 1 cucharada de cebollas verdes en rodajas finas
- 2 rollos de cebolla
- 1 bolsa de papas fritas; opcional

Corte el pato en tiras finas del tamaño de un bocado. En una cacerola pequeña combine el pato, la salsa barbacoa y las cebollas verdes y caliente. Rebane los panecillos y tuéstelos. Rellene cada rollo con una porción generosa de mezcla de pato. Servir adornado con unas patatas chips.

15. Sándwich de lomo de cerdo

INGREDIENTES:

- 2–4 rebanadas de cerdo asado con chicharrón
- 4 cucharadas de repollo rojo agridulce
- 3 cucharadas de mayonesa de buena calidad
- 1 cucharada de mostaza fuerte y gruesa
- 2 pepinillos, en rodajas
- 1 manzana dama
- Unos aros de cebolla roja (opcional)

COL ROJA AGRIDA-DULCE

- 1 col roja mediana
- 1/2 botella de vino tinto
- Especias: clavo, hojas de laurel, rama de canela, pimienta, anís estrellado
- 2 cebollas
- Sal
- 3 cucharadas de grasa de pato o de ganso
- 2 tazas de vinagre balsámico o de sidra
- 2 cucharadas de azúcar de caña, dependiendo del dulzor del vino y del vinagre

INSTRUCCIONES:

a) Caliente el lomo de cerdo y la col lombarda si es necesario.

b) Revuelva la mayonesa con la mostaza y extiéndala sobre las rebanadas de pan.

c) Coloque el repollo rojo, la carne, los pepinillos en rodajas, la manzana en rodajas y los aros de cebolla en capas sobre una rebanada de pan y cierre con la otra rebanada para hacer un sándwich.

d) Hervir vino tinto con especias secas durante 5 minutos y dejar en infusión durante 15 minutos.

e) Retire el tallo de la cabeza del repollo si hay uno y tritúrelo. Pelar y picar la cebolla.

f) Saltee el repollo rojo y la cebolla en grasa de ganso en una sartén grande de fondo grueso.

g) Vierta el vino tinto a través de un tamiz para eliminar las especias en la sartén y agregue sal.

h) Dejar cocer a fuego lento durante al menos una hora; varias horas de cocción darán un repollo suave y maravillosamente sabroso.

i) Sazone la col lombarda con vinagre y azúcar.

16. <u>de panel er bhurji</u>

Rinde: 2 porciones

INGREDIENTES:

- ½ cucharadita de chiles verdes, picados
- 1 ½ cucharadas de cilantro fresco, picado
- 4 rebanadas de pan
- ½ taza de queso cottage
- 2 cucharadas de tomates
- ¼ de cucharadita de pimienta en polvo
- Una pizca de cúrcuma en polvo
- ¼ de cucharadita de semillas de comino
- Sal
- 1 ½ cucharaditas de Mantequilla Clarificada

INSTRUCCIONES

a) En una sartén, caliente el ghee o el aceite y agregue las semillas de comino.

b) Cuando las semillas comiencen a crujir, agregue los chiles verdes y revuelva.

c) Agregue el tomate picado durante unos segundos, o hasta que se ablande.

d) Mezcle la cúrcuma y el paneer.

e) Agregue el polvo de pimienta y la sal, y revuelva durante unos segundos.

f) Mezcle el cilantro picado en la sartén.

g) Unte mantequilla en un lado de cada barra de pan.

h) Coloque una rebanada en la parrilla y extienda la mitad del relleno de paneer sobre ella.

i) Cubra con otro trozo de pan, con la mantequilla hacia arriba, y cocine a la parrilla hasta que esté dorado.

j) Retire de la parrilla y corte en dos partes.

17. <u>Sándwich de tomate y queso pimiento</u>

Hace : 8 A 12 PORCIONES

INGREDIENTES:
PARA EL QUESO UNTADO:
- ½ taza de mayonesa
- 4 onzas de queso crema
- 3 tazas de queso cheddar fuerte rallado
- 1 frasco (4 onzas) de pimientos cortados en cubitos, escurridos
- 1 cucharada de cebolla amarilla picada
- 1 cucharadita de ajo picado
- 1 cucharadita de salsa Worcestershire
- ½ cucharadita de pimienta negra molida

PARA LOS TOMATES:
- 1 taza de harina leudante
- 1 taza de polenta
- ½ cucharadita de sal kosher
- ½ cucharadita de pimienta negra molida
- 2 huevos
- ½ taza de suero de leche
- 4 tomates verdes grandes, en rodajas de ½ pulgada de grosor
- 2 tazas de aceite vegetal, para freír
- 2 hogazas de pan francés, cortado por la mitad a lo largo

INSTRUCCIONES:
a) En un tazón grande, combine la mayonesa y el queso crema, y mezcle hasta que estén bien combinados. Agregue el queso cheddar, los pimientos, la cebolla, el ajo, la salsa Worcestershire y la pimienta negra. Mezcle hasta que esté bien incorporado, cubra el recipiente y refrigere por un mínimo de 6 horas.

b) En un tazón mediano, combine la harina leudante, la polenta, la sal y la pimienta negra. Mezcle hasta que esté bien incorporado y reserve.

c) En otro tazón mediano, combine los huevos y el suero de leche, y mezcle bien.

d) Seque los tomates en rodajas con toallas de papel. Sumerge los tomates en la mezcla de huevo y luego en la mezcla de harina. Deja reposar los tomates durante 5 minutos.

e) En una sartén grande a fuego medio, vierta el aceite vegetal hasta que tenga una profundidad de 2 a 3 pulgadas. Agregue los tomates y fríalos hasta que estén dorados, de 3 a 4 minutos.

f) Unte el queso pimiento en la mitad inferior del pan francés, luego cubra con los tomates fritos y la mitad superior del pan francés. Cortar en sándwiches individuales y servir.

18. Palos de tomate Hasselback

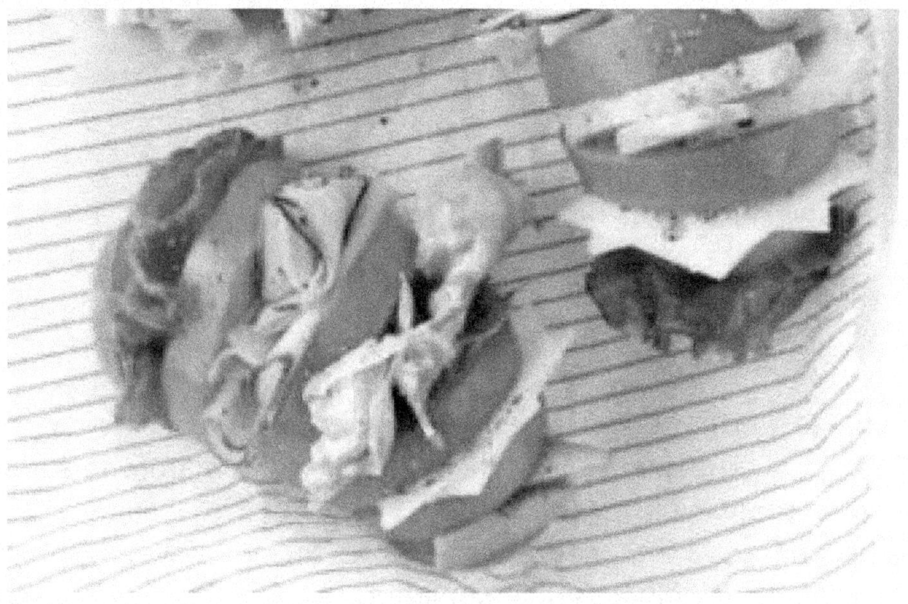

Hace 2 porciones

INGREDIENTES

- 4 tomates ciruela
- 2 rebanadas de queso suizo, en cuartos
- 4 tiras de tocino cocidas, cortadas a la mitad
- 4 rebanadas de pavo deli
- 4 hojas de lechuga Bibb
- 1/2 aguacate mediano maduro, pelado y cortado en 8 rebanadas
- Pimienta molida

INSTRUCCIONES

a) Corta 4 rodajas transversales en cada tomate, dejándolos intactos en la parte inferior.

b) Rellena cada rebanada con queso, tocino, pavo, lechuga y aguacate. Espolvorear con pimienta.

19. <u>Napoleones verdes fritos con ensalada de col</u>

INGREDIENTES

- 1/3 taza de mayonesa
- 1/4 taza de vinagre blanco
- 2 cucharadas de azúcar
- 1 cucharadita de sal
- 1 cucharadita de ajo en polvo
- 1/2 cucharadita de pimienta
- 1 paquete (14 onzas) de mezcla de ensalada de col de tres colores
- 1/4 taza de cebolla finamente picada
- 1 lata (11 onzas) de mandarinas, escurridas
- tomates fritos:
- 1 huevo grande, ligeramente batido
- Una pizca de salsa picante, o al gusto
- 1/4 taza de harina para todo uso
- 1 taza de migas secas
- 2 tomates verdes medianos, cortados en 4 rebanadas cada uno
- Aceite para freír
- 1/2 cucharadita de sal
- 1/4 cucharadita de pimienta
- 1/2 taza de queso pimiento refrigerado
- 4 cucharaditas de gelatina de pimienta

INSTRUCCIONES

a) Combine los primeros seis ingredientes . Agregue la mezcla de ensalada de col y la cebolla. Agrega las mandarinas; revuelva con cuidado.

b) En un tazón poco profundo, bata el huevo y la salsa picante. Coloque la harina y las migas en tazones poco profundos separados. Sumerja las rodajas de tomate en harina para cubrir ambos lados; sacudir el exceso. Sumerja en la mezcla de huevo, luego en las migas, dando palmaditas para ayudar a que la capa se adhiera.

c) En una sartén eléctrica o freidora, caliente el aceite a 350°. Freír las rodajas de tomate, unas pocas a la vez, hasta que se doren,

1-2 minutos por cada lado. Escurrir sobre toallas de papel. Espolvorear con sal y pimienta.

d) Para armar los napoleones, cubra una rodaja de tomate con 1 cucharada de queso pimiento. Repita las capas. Cubra con 1 cucharadita de gelatina de pimienta. Repita con las rodajas de tomate restantes. Servir sobre ensalada de col.

20. Sándwiches De Berenjena Al Horno

Porciones: 4

INGREDIENTES

- 1 cucharadita de aceite de oliva
- 2 huevos
- ½ taza de harina para todo uso, o más según sea necesario
- sal y pimienta negra recién molida al gusto
- 1 pizca de pimienta de cayena, o más al gusto
- 1 taza de migas de panko
- 8 rebanadas de berenjena, cortadas de 3/8 de pulgada de grosor
- 2 rebanadas de queso provolone, cortado en cuartos
- 12 rodajas finas de salami
- 2 ⅔ cucharadas de aceite de oliva, dividido
- 2 ⅔ cucharadas de queso Parmigiano-Reggiano finamente rallado, cantidad dividida

INSTRUCCIONES

a) Precaliente el horno a 425 grados F (220 grados C). Cubra una bandeja para hornear con papel de aluminio.

b) Bate los huevos en un tazón pequeño y poco profundo. Mezcle la harina, la sal, la pimienta negra y la pimienta de cayena en un plato hondo grande. Vierta las migas de panko en otro plato hondo grande.

c) Cubra una rebanada de berenjena con 1/4 rebanada de queso provolone, 3 rebanadas de salami y 1/4 rebanada de queso provolone. Coloque una rodaja de berenjena del mismo tamaño encima. Repita con las rebanadas de berenjena restantes, el queso y el salami.

d) Presione suavemente cada sándwich de berenjena en la harina sazonada para cubrir; sacudir el exceso. Sumerja ambos lados de cada sándwich en el huevo batido, luego presione sobre las migas de panko. Colóquelo en la bandeja para hornear preparada mientras prepara los sándwiches de berenjena restantes.

e) Rocíe 1 cucharadita de aceite de oliva en un círculo de aproximadamente 3 pulgadas de diámetro sobre el papel de aluminio; coloque un sándwich de berenjena en el área aceitada. Espolvoree aproximadamente 1 cucharadita de queso Parmigiano-Reggiano sobre el sándwich. Repita con los 3 sándwiches restantes, rocíe un área del papel aluminio con aceite de oliva, coloque un sándwich sobre el aceite y cubra con queso parmesano. Rocíe la parte superior de cada sándwich con 1 cucharadita de aceite de oliva.

f) Llevar al horno precalentado por 10 mi nutos. Voltee los sándwiches y espolvoree 1 cucharadita de queso Parmigiano-Reggiano encima. Hornee hasta que se dore y un cuchillo de cocina se inserte fácilmente en la berenjena, de 8 a 10 minutos más. Servir tibio o a temperatura ambiente.

21. Sándwiches de manzana, jamón y queso

Porciones: 2

INGREDIENTES

- manzana
- rebanadas de jamón
- Rebanadas de Colby Jack
- Mostaza Marrón, estilo Dijon o condimento a elección

INSTRUCCIONES

a) Cortar las manzanas en aros.

b) Agregue las rebanadas de jamón. Cubra con rebanadas de queso.

c) Extienda mostaza en el anillo superior del sándwich y colóquelo encima (con el condimento hacia abajo).

22. <u>bocadillos de pepino</u>

2 RACIONES

INGREDIENTES

- 2 pepinos
- fiambres: pavo, jamón u otros fiambres en rodajas o virutas
- tocino (opcional)
- cebollas verdes (opcional)
- tomates (opcional)
- cualquier relleno de sándwich (opcional)
- queso de vaca que ríe o mayonesa o queso crema o cualquier otro condimento

INSTRUCCIONES

a) Cortar el pepino a lo largo, de punta a punta. Saque el interior del pepino para dejar espacio para los rellenos de su sándwich. Agregue carne, verduras y otros ingredientes para sándwiches al interior del pepino.

b) Coloca la mitad del pepino sobre la otra mitad. ¡¡Disfrutar!!

23. Sándwich Sub Italiano Sin Pan

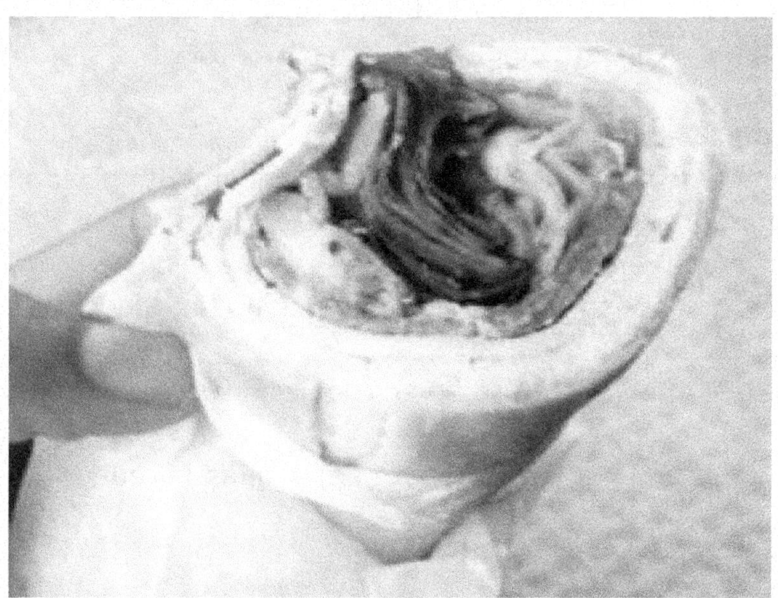

Rinde: 4 sándwiches

INGREDIENTES

- 8 champiñones portobello grandes, limpios
- 2 cucharadas de aceite de oliva virgen extra
- Sal kosher
- 1 cucharada de vinagre de vino tinto
- 1 cucharada de pepperoncini con semillas finamente picado
- 1/2 cucharadita de orégano seco
- Pimienta negra recién molida
- 2 onzas de queso provolone rebanado (alrededor de 4 rebanadas)
- 2 onzas de jamón bajo en sodio en rodajas finas (alrededor de 4 rebanadas)
- 1 onza de salami de Génova en rodajas finas (alrededor de 4 rodajas)
- 1 tomate pequeño, cortado en 4 rebanadas
- 1/2 taza de lechuga iceberg rallada
- 4 aceitunas rellenas de pimiento

INSTRUCCIONES

a) Coloque una rejilla del horno en el tercio superior del horno y precaliente el asador del horno.

b) Retire los tallos de los champiñones y deséchelos. Coloque las tapas de los champiñones con las branquias hacia arriba y use un cuchillo afilado para quitar las branquias por completo (para que las tapas queden planas). Coloque las tapas de los champiñones en una bandeja para hornear, cepille todo con 1 cucharada de aceite y espolvoree con 1/4 de cucharadita de sal. Ase hasta que las tapas estén tiernas, volteándolas a la mitad, de 4 a 5 minutos por lado. Deje que se enfríe por completo.

c) Batir el vinagre, pepperoncini, orégano, 1 cucharada de aceite restante y un poco de pimienta negra molida en un tazón pequeño.

d) Ensamble los sándwiches: coloque una tapa de champiñón, con el lado cortado hacia arriba, sobre una superficie de trabajo. Dobla 1 pieza de provolone para que quepa sobre la tapa y repite con 1 rebanada de jamón y salami.

e) Cubra con 1 rodaja de tomate y aproximadamente 2 cucharadas de lechuga. Rocíe con un poco de la vinagreta de pepperoncini. Empareda con otra tapa de champiñón y asegura con un palillo ensartado con una aceituna. Repita con los ingredientes restantes para hacer 3 sándwiches más.

f) Envuelva cada sándwich hasta la mitad en papel encerado (esto ayudará a atrapar todos los jugos) y sirva.

24. Deslizadores de pavo con camote

Hace 10 porciones

INGREDIENTES

- 4 tiras de tocino ahumado Applewood, finamente picadas
- 1 libra de pavo molido
- 1/2 taza de migas de panko
- 2 huevos grandes
- 1/2 taza de queso parmesano rallado
- 4 cucharadas de cilantro fresco picado
- 1 cucharadita de albahaca seca
- 1/2 cucharadita de comino molido
- 1 cucharada de salsa de soja
- 2 batatas grandes
- Queso Colby-Monterey Jack rallado

INSTRUCCIONES

a) En una sartén grande, cocine el tocino a fuego medio hasta que esté crujiente; escurrir sobre toallas de papel. Deseche todos los jugos excepto 2 cucharadas. Deje la sartén a un lado. Combine el tocino con los siguientes 8 ingredientes hasta que estén bien mezclados; cubra y refrigere por lo menos 30 minutos.

b) Precaliente el horno a 425°. Corte las batatas en 20 rebanadas de aproximadamente 1/2 pulgada de grosor. Coloque las rebanadas en una bandeja para hornear sin engrasar; hornee hasta que las batatas estén tiernas pero no blandas, 30-35 minutos. Retire las rebanadas; Dejar enfriar sobre una rejilla.

c) Caliente la sartén con la grasa reservada a fuego medio-alto. Forme la mezcla de pavo en hamburguesas del tamaño de un deslizador. Cocine los controles deslizantes en lotes, de 3 a 4 minutos por cada lado, teniendo cuidado de no abarrotar la sartén. Agregue una pizca de queso cheddar rallado después de voltear cada control deslizante por primera vez. Cocine hasta que un termómetro indique 165° y los jugos salgan claros.

d) Para servir, coloque cada control deslizante sobre una rodaja de camote; untar con mostaza Dijon con miel. Cubrir con una segunda rodaja de camote. Perforar con un palillo.

25. <u>Deslizadores de hamburguesa castillo blanco</u>

Rendimiento: 10 porciones

INGREDIENTES

- 2 libras de carne molida magra
- ¼ taza de cebolla picada seca
- ¼ taza de agua caliente
- Tarro de 3 onzas de comida para bebés de carne de res colada
- ⅔ taza de caldo de res claro
- 1 paquete de bollos para perros calientes

INSTRUCCIONES

a) Remoje ¼ de taza de cebollas picadas secas en ¼ de taza de agua caliente hasta que estén blandas mientras mezcla 2 libras de carne molida con un frasco de 3 onzas de comida para bebés de carne de res colada y ⅔ de taza de caldo claro de carne de res.

b) Mantenga las hamburguesas uniformes usando ¼ de taza de mezcla de carne para cada hamburguesa, aplastadas a ¼" y fritas rápidamente en 1 cucharada de aceite por hamburguesa en una plancha caliente. Haga 3 o 4 agujeros en las hamburguesas mientras las fríe.

c) Corta los panes de hot dog por la mitad. Corta los extremos redondeados. Freír 1 cucharada de cebollas debajo de cada empanada mientras giras para freír el segundo lado. Deslice cada hamburguesa en un panecillo con 2 chips de pepinillo, mostaza y salsa de tomate.

26. <u>Deslizadores de hamburguesa con queso</u>

para 12 deslizadores

INGREDIENTES

- 2 libras de carne molida (910 g)
- 1 cucharadita de sal
- 2 cucharaditas de pimienta
- 2 cucharaditas de ajo en polvo
- ½ cebolla blanca, picada
- 6 rebanadas de queso cheddar
- 12 panecillos o panecillos dulces hawaianos
- 2 cucharadas de mantequilla, derretida
- 1 cucharada de semillas de sésamo

INSTRUCCIONES

a) Precaliente el horno a 350°F (175°C).

b) Combine la carne de res, la sal, la pimienta y el ajo en polvo en una fuente para hornear con borde de 9x13 pulgadas (23x33 cm), mezcle bien y luego presione en una capa plana y uniforme. Hornee por 20 minutos. Escurra el líquido y reserve la carne cocida.

c) Cortar los rollos por la mitad a lo largo. Coloque la mitad inferior en la misma fuente para hornear. Coloque la carne de res cocida sobre los rollos, seguida de las cebollas y el queso. Cubra con los rollos restantes.

d) Cepille la parte superior de los rollos con mantequilla derretida y espolvoree las semillas de sésamo encima. Hornee por 20 minutos, o hasta que el pan esté dorado y el queso se derrita.

e) Cortar en deslizadores individuales, luego servir.

27. Sándwiches de Tempeh Rubén

Hace 2 sándwiches

INGREDIENTES

- 8 onzas de tempeh
- 3 cucharadas de mayonesa vegana
- 1 cucharada de condimento de pepinillos dulces
- 1 cebolla verde, picada
- 2 cucharadas de aceite de oliva
- Sal y pimienta negra recién molida
- 4 rebanadas de pan de centeno o centeno
- ¾ taza de chucrut, bien escurrida

INSTRUCCIONES

a) En una cacerola mediana con agua hirviendo, cocina el tempeh durante 30 minutos. Escurra el tempeh y déjelo enfriar. Seque y corte en rodajas de 1/4 de pulgada.

b) En un tazón pequeño, combine la mayonesa, el ketchup, el condimento y la cebolla verde. Sazone con sal y pimienta al gusto, mezcle bien y reserve.

c) En una sartén mediana, caliente el aceite a fuego medio. Agregue el tempeh y cocine hasta que esté dorado por ambos lados, aproximadamente 10 minutos en total. Sazone con sal y pimienta al gusto. Retire de la sartén y reserve.

d) Limpie la sartén y reserve. Unte la margarina en un lado de cada rebanada de pan. Coloque 2 rebanadas de pan, con la margarina hacia abajo, en la sartén. Extienda el aderezo sobre ambas rebanadas de pan y cubra con el tempeh frito y el chucrut.

e) Cubra cada uno con las 2 rebanadas de pan restantes, con la margarina hacia arriba. Transfiera los sándwiches a la sartén y cocine hasta que estén ligeramente dorados por ambos lados, volteándolos una vez, aproximadamente 2 minutos por lado.

f) Retire los sándwiches de la sartén, córtelos por la mitad y sirva de inmediato.

28. Sabe a sándwiches de ensalada de atún

Hace 4 sándwiches

INGREDIENTES :

- 11⁄2 tazas cocidas o 1 lata (15.5 onzas) de garbanzos, escurridos y enjuagados
- 2 costillas de apio, picadas
- 1⁄4 taza de cebolla picada
- 1 cucharadita de alcaparras, escurridas y picadas
- 1 taza de mayonesa vegana
- 2 cucharaditas de jugo de limón fresco
- 1 cucharadita de mostaza Dijon
- 1 cucharadita de polvo de algas marinas
- 4 hojas de lechuga
- 4 rodajas de tomate maduro
- Sal y pimienta
- Pan

INSTRUCCIONES

a) En un tazón mediano, triture los garbanzos en un puré grueso. Agregue el apio, la cebolla, las alcaparras, 1⁄2 taza de mayonesa, el jugo de limón, la mostaza y el polvo de algas marinas. Sazone con sal y pimienta al gusto. Mezcle hasta que esté bien combinado. Cubra y refrigere por lo menos 30 minutos para permitir que los sabores se mezclen.

b) Cuando esté listo para servir, unte el 1⁄4 de taza de mayonesa restante en 1 lado de cada una de las rebanadas de pan. Coloca una capa de lechuga y tomate en 4 de las rebanadas de pan y divide uniformemente la mezcla de garbanzos entre ellas. Cubra cada sándwich con la rebanada de pan restante, con la mayonesa hacia abajo, córtelo por la mitad y sirva.

29. Sándwiches de bulgur descuidados

Hace 4 sándwiches

INGREDIENTES :
- 1¾ tazas de agua
- 1 taza de bulgur molido medio
- Sal
- 1 cucharada de aceite de oliva
- 1 cebolla roja pequeña, picada
- 1⁄2 pimiento rojo mediano, picado
- 1 lata (14.5 onzas) de tomates triturados
- 1 cucharada de azúcar
- 1 cucharada de mostaza amarilla o marrón picante
- 2 cucharaditas de salsa de soya
- 1 cucharadita de chile en polvo
- Pimienta negra recién molida
- 4 rollos de sándwich, cortados a la mitad horizontalmente

INSTRUCCIONES
a) En una cacerola grande, hierva el agua a fuego alto. Agregue el bulgur y salpimiente ligeramente el agua. Cubra, retire del fuego y reserve hasta que el bulgur se ablande y el agua se absorba, aproximadamente 20 minutos.
b) Mientras tanto, en una sartén grande, caliente el aceite a fuego medio. Agregue la cebolla y el pimiento, cubra y cocine hasta que estén suaves, aproximadamente 7 minutos. Agregue los tomates, el azúcar, la mostaza, la salsa de soya, el chile en polvo y sal y pimienta negra al gusto. Cocine a fuego lento durante 10 minutos, revolviendo con frecuencia.
c) Vierta la mezcla de bulgur en la mitad inferior de cada uno de los rollos, cubra con la otra mitad y sirva.

30. Sándwiches de parche de jardín en pan

Hace 4 sándwiches

INGREDIENTES :
- 1 libra de tofu extra firme, escurrido y secado
- 1 pimiento rojo mediano, finamente picado
- 1 costilla de apio, finamente picada
- 3 cebollas verdes, picadas
- 1/4 taza de semillas de girasol sin cáscara
- 1/2 taza de mayonesa vegana
- 1/2 cucharadita de sal
- 1/2 cucharadita de sal de apio
- 1/4 cucharadita de pimienta negra recién molida
- 8 rebanadas de pan integral
- 4 rodajas (1/4 de pulgada) de tomate maduro
- Hojas de lechuga

INSTRUCCIONES

a) Desmenuce el tofu y colóquelo en un tazón grande. Agregue el pimiento, el apio, las cebollas verdes y las semillas de girasol. Agregue la mayonesa, la sal, la sal de apio y la pimienta y mezcle hasta que estén bien combinados.

b) Tueste el pan, si lo desea. Extienda la mezcla uniformemente sobre 4 rebanadas de pan. Cubra cada uno con una rodaja de tomate, una hoja de lechuga y el pan restante. Corta los sándwiches en diagonal por la mitad y sirve.

31. <u>Sándwiches de frutas y nueces</u>

Hace 4 sándwiches

INGREDIENTES :
- 2/3 taza de mantequilla de almendras
- 1/4 taza de néctar de agave o jarabe de arce puro
- 1/4 taza de nueces picadas u otras nueces de su elección
- 1/4 taza de arándanos secos endulzados
- 8 rebanadas de pan integral
- 2 peras Bosc o Anjou maduras, sin corazón y en rodajas finas

INSTRUCCIONES

a) En un tazón pequeño, combine la mantequilla de almendras, el néctar de agave, las nueces y los arándanos, revolviendo hasta que estén bien mezclados.

b) Divida la mezcla entre las rebanadas de pan y distribuya uniformemente. Cubra 4 rebanadas de pan con las rebanadas de pera, con el lado extendido hacia arriba. Coloque las rebanadas de pan restantes encima de las rebanadas de pera, con el lado extendido hacia abajo. Cortar los sándwiches en diagonal y servir de inmediato.

32. Queso a la parrilla con pollo y gofres

INGREDIENTES :

- 16 onzas. Mozzarella, en rodajas
- 12 rebanadas de panceta, cortadas finas
- 1 cucharada de jarabe de arce
- 1/2 taza de mayonesa
- 2 melocotones frescos (o 1 lata pequeña de melocotones, escurridos)
- 8 gofres congelados
- 2 cucharadas de mantequilla blanda
- 4 – 4 onzas pechugas de pollo deshuesadas
- 1 taza de harina
- 1 taza de aderezo ranchero de suero de leche
- 2 tazas de aceite vegetal

INSTRUCCIONES

a) Cocine la panceta en una sartén antiadherente hasta que esté ligeramente crujiente.

b) Mezcle el jarabe y la mayonesa y reserve.

c) Cortar los duraznos en rodajas finas.

d) Coloque los gofres y la mantequilla en un lado de cada uno. Voltea y unta la mezcla de mayonesa en el lado sin mantequilla de los waffles.

e) Enharina el pollo, luego sumerge el pollo en el aderezo ranch y luego vuelve a ponerlo en harina.

f) Lleve el aceite vegetal a fuego medio en una sartén y cocine el pollo hasta que se dore por ambos lados y la temperatura interna alcance los 165 grados.

g) En el lado de mayonesa del waffle, coloque una capa de mozzarella, pollo, panceta, duraznos y termine con más mozzarella y otro waffle.

h) En una sartén antiadherente a fuego medio, cocina por un minuto, presionando con una espátula. Voltee y repita hasta que el queso se derrita y esté dorado. Retire, corte y sirva.

33. Sándwiches De Waffle De Jamón Y Queso A La Parrilla

Hace 4 porciones

INGREDIENTES
- 8 waffles tostados congelados
- 1 cucharada de mostaza Dijon (opcional)
- ½ libra de jamón de deli rebanado
- ¼ de libra de Cheddar, en rodajas finas
- 4 cucharadas de mantequilla sin sal

INSTRUCCIONES
a) Coloque 4 de los waffles en una superficie de trabajo. Unte un lado de cada uno con la mostaza (si se usa). Cubra con el jamón, el queso y los waffles restantes. Unte la parte superior de cada sándwich con 1/2 cucharada de mantequilla. Derrita la mantequilla restante en una sartén antiadherente grande a fuego medio. Coloque los sándwiches en la sartén, con la mantequilla hacia arriba.

b) Cocine, presionando ocasionalmente con el dorso de una espátula, hasta que el queso se derrita y los waffles estén dorados, de 3 a 4 minutos por cada lado.

34. <u>Pepperoni, Provolone</u> y Pecorino Pita!

4 RACIONES

INGREDIENTES :

- 4 pitas
- ½ taza de pimientos rojos y/o amarillos asados, pelados y rebanados
- 2 dientes de ajo, picados
- 4 onzas de pepperoni, en rodajas finas
- 4 onzas de queso provolone, cortado en cubitos
- 2 cucharadas de queso pecorino recién rallado
- 4 pimientos en escabeche italianos o griegos, como pepperoncini, en rodajas finas
- Aceite de oliva para pincelar pita

INSTRUCCIONES

a) Corte 1 lado de cada pita y ábralos para formar bolsillos.

b) Coloque los pimientos, el ajo, el pepperoni, el queso provolone, el pecorino y los pimientos en capas en cada pan de pita y presione para cerrar. Cepille el exterior ligeramente con aceite de oliva.

c) Caliente una sartén antiadherente pesada a fuego medio-alto o use una sandwichera o una prensa para panini. Coloque los sándwiches en la sartén.

d) Reduzca el fuego a bajo y pese los sándwiches hacia abajo , presionando mientras los dora. Cocine solo hasta que el queso se derrita; no desea que los quesos se doren y queden crujientes, simplemente para mantener todos los rellenos juntos.

e) Sirva de inmediato.

35. Cheddar a la parrilla, chutney y salchicha

4 RACIONES

INGREDIENTES :

- 1-2 salchichas picantes saladas, cortadas en diagonal
- 4 pitas integrales, los bolsillos abiertos
- 3—4 cucharadas de chutney de mango dulce y picante
- 2 cucharadas de cilantro fresco picado
- 6 a 8 onzas de queso Cheddar maduro, rallado en trozos grandes
- 1 cucharada de aceite de oliva para pincelar el pan
- 3 cucharadas de semillas de girasol tostadas sin cáscara

INSTRUCCIONES

a) Dorar las salchichas rebanadas en una sartén a fuego medio. Déjalos a un lado para que se escurran sobre toallas de papel.

b) Acomoda las pitas en una superficie de trabajo. Unte 1 mitad del interior con el chutney, luego agregue la salchicha, el cilantro y finalmente el queso. Presione ligeramente para cerrar y cepille el exterior con aceite de oliva.

c) Caliente una sartén antiadherente pesada a fuego medio-alto o use una prensa para panini. Agrega las pitas rellenas y presiona ligeramente; reduzca el fuego a medio o incluso medio-bajo. Cocine por 1 lado hasta que estén ligeramente doradas en algunas partes y el queso se esté derritiendo; darle la vuelta y dorar ligeramente por el otro lado. Cuando el queso se derrita, retirar de la sartén.

d) Sirva de inmediato, espolvoree con semillas de girasol y ofrezca chutney adicional a un lado para frotar.

36. Tofu al curry "Ensalada de huevo" Pitas

Hace 4 sándwiches

INGREDIENTES :
- 1 libra de tofu extra firme, escurrido y secado
- 1/2 taza de mayonesa vegana, casera
- 1/4 taza de chutney de mango picado, hecho en casa
- 2 cucharaditas de mostaza Dijon
- 1 cucharada de polvo de curry caliente o suave
- 1 cucharadita de sal
- 1/8 cucharadita de cayena molida
- 1 taza de zanahoria rallada
- 2 costillas de apio, picadas
- 1/4 taza de cebolla roja picada
- 8 hojas pequeñas de lechuga Boston u otras lechugas suaves
- 4 panes de pita de trigo integral (7 pulgadas), cortados a la mitad

INSTRUCCIONES

a) Desmenuce el tofu y colóquelo en un tazón grande. Agregue la mayonesa, la salsa picante, la mostaza, el curry en polvo, la sal y la pimienta de cayena, y revuelva bien hasta que se mezclen bien.

b) Agregue las zanahorias, el apio y la cebolla y revuelva para combinar. Refrigere por 30 minutos para permitir que los sabores se mezclen.

c) Meta una hoja de lechuga dentro de cada bolsillo de pita, vierta un poco de mezcla de tofu encima de la lechuga y sirva.

37. <u>Prosciutto y Taleggio con Higos en Mesclun</u>

4 RACIONES

INGREDIENTES :

- 8 rebanadas muy finas de pan de masa madre o baguette
- 3 cucharadas de aceite de oliva virgen extra, dividido
- 3—4 onzas de prosciutto, cortado en 8 rebanadas
- 8 onzas de queso Taleggio maduro, cortado en ocho trozos de ¼ de pulgada de grosor
- 4 puñados grandes de ensalada primavera mixta (mesclun)
- 2 cucharadas de cebollín fresco picado
- 2 cucharadas de perifollo fresco picado
- 1 cucharada de jugo de limón fresco Sal
- Pimienta negra
- 6 higos negros maduros, en cuartos
- 1—2 cucharaditas de vinagre balsámico

INSTRUCCIONES

a) Cepille ligeramente el pan con una pequeña cantidad de aceite de oliva y colóquelo en una bandeja para hornear. 2 Precalienta el horno a 400°F. Coloque el pan en la rejilla más alta y hornee durante unos 5 minutos, o hasta que empiecen a dorarse. Retire y deje enfriar, unos 10 minutos.

b) Cuando esté frío, envuelva las lonchas de prosciutto alrededor de las lonchas de Taleggio y coloque cada una encima de un trozo de pan. Reserva un momento mientras preparas la ensalada.

c) Mezcle las verduras con aproximadamente 1 cucharada de aceite de oliva, las cebolletas y el perifollo, luego mezcle con el jugo de limón, sal y pimienta al gusto. Disponer en 4 platos y decorar con los cuartos de higo.

d) Cepille la parte superior de los paquetes envueltos en prosciutto con el aceite de oliva restante, luego colóquelos en una sartén grande resistente al horno y hornee durante 5 a 7 minutos, o hasta que el queso comience a rezumar y el prosciutto esté crujiente en los bordes.

e) Retire rápidamente los paquetes y colóquelos en cada ensalada, luego agite el vinagre balsámico en la sartén caliente. Agitar para que se caliente, luego verter sobre las ensaladas y tostadas. Sirva de inmediato.

38. <u>Fontina con Rúcula, Mizuna y Peras</u>

4 RACIONES

INGREDIENTES :

- 8 rebanadas de pan de masa fermentada Alrededor de 6 onzas de bresaola, en rodajas finas
- 6 —8 onzas de queso de nuez, sabroso y que se derrite, como fontina, Jarlsberg o Emmentaler
- Alrededor de 4 tazas de mezcla de rúcula tierna y mizuna, u otras verduras tiernas como la mezcla de primavera
- 2 peras maduras pero firmes, en rodajas finas o en juliana, mezcladas con un poco de jugo de limón para evitar que se doren
- 1 chalota, picada
- 1 cucharada de vinagre balsámico
- 2 cucharadas de aceite de oliva virgen extra, y más para pincelar Sal
- Pimienta negra

INSTRUCCIONES

a) Disponer 4 piezas de pan en una superficie de trabajo y sobre un lado colocar la bresaola, luego cubrir con el queso y terminar cubriendo con las otras rebanadas de masa madre. Presione juntos ligeramente pero con firmeza para sellar.

b) Mientras tanto, mezcle las verduras en un bol con las peras en rodajas. Dejar de lado.

c) En un tazón pequeño, mezcle la chalota con el vinagre balsámico y 2 cucharadas de aceite de oliva, luego sazone con sal y pimienta al gusto. Dejar de lado.

d) Cepille los sándwiches con una pequeña cantidad de aceite de oliva. Caliente una prensa para sándwiches o una sartén antiadherente pesada a fuego medio-alto, luego coloque los sándwiches en la sartén. Probablemente necesitará hacer esto en 2 lotes. Peso de los bocadillos . Cocine hasta que el pan esté crujiente y dorado, luego voltee y repita en el otro lado, hasta que el queso se derrita.

e) Justo antes de que los sándwiches estén listos, mezcle la ensalada con el aderezo. Distribuir la ensalada entre 4 platos.

Cuando los sándwiches estén listos, retíralos de la sartén, córtalos en cuartos y coloca 4 en cada plato de ensalada.

f) Sirva de inmediato.

4 RACIONES

INGREDIENTES :

- Aproximadamente ½2 baguette, cortada en 12 rebanadas diagonales de aproximadamente ½ pulgada de grosor
- 2 cucharadas de aceite de oliva virgen extra, o según sea necesario
- 3 onzas de queso de cabra con corteza, como Lezay, en rodajas de ¼ a ½ pulgada de grosor
- Una pizca generosa de hojas de tomillo secas o frescas
- Pimienta negra
- 1 cucharada de vinagre de vino tinto, dividido
- Alrededor de 6 tazas de verduras mixtas, como la mezcla de primavera, incluido un poco de frisée joven y rúcula
- 2 cucharadas de perejil fresco picado, cebollín, perifollo o una combinación
- 1 cucharada de aceite de nuez
- ¼ taza de trozos de nuez

INSTRUCCIONES

a) Precaliente el asador.

b) Cepille las rebanadas de baguette con un poco de aceite de oliva, luego colóquelas en una bandeja para hornear y ase por unos 5 minutos, o hasta que estén doradas solo por un lado. Retire del asador.

c) Voltee el pan tostado y en los lados sin tostar, coloque una rebanada o 2 del queso de cabra. La cantidad que use por sándwich dependerá de qué tan grandes sean sus rebanadas de baguette. Rocíe la parte superior con un poco de aceite de oliva, espolvoree el tomillo y la pimienta negra, luego vierta unas gotas de vinagre sobre los quesos.

d) Mientras tanto, mezcle la ensalada con las hierbas picadas y aliño con el aceite de nuez y el resto del aceite de oliva y vinagre, y espolvoree con los trozos de nuez. Acomode en 4 platos grandes o en tazones de sopa poco profundos.

e) Coloque las tostadas cubiertas con queso de cabra debajo del asador y ase durante aproximadamente 5 minutos, o hasta que el queso se ablande y la parte superior comience a burbujear en algunos lugares, el color del queso se tiñe de marrón dorado.

f) Inmediatamente coloque 3 sándwiches calientes de queso de cabra encima de la ensalada aderezada en cada plato y sirva de inmediato.

40.   <u>Sándwiches de halloumi chisporroteados con lima</u>

4 RACIONES

INGREDIENTES :

- 1 cabeza de lechuga mantecosa o Boston Bibb, cortada y separada en hojas
- 1 cebolla blanca tierna, pelada y cortada en rodajas finas transversalmente
- 4 cucharadas de aceite de oliva virgen extra, dividido
- 1 cucharadita de vinagre de vino blanco
- 3 tomates maduros grandes, cortados en gajos
- Sal
- Pimienta negra
- ½ baguette, cortada en 12 rebanadas diagonales de aproximadamente ½ pulgada de grosor
- 12 onzas de halloumi, en rodajas de aproximadamente ½ pulgada de grosor
- 2 limas, cortadas en gajos (o unas 2 cucharadas de jugo de lima fresco) Una pizca de orégano seco

INSTRUCCIONES

a) Precaliente el asador.

b) En un tazón grande, mezcle la lechuga y la cebolla, luego aliño con aproximadamente 2 cucharadas de aceite de oliva y vinagre. Divide entre 4 platos, luego decora cada uno con rodajas de tomate; espolvorea las ensaladas con sal y pimienta y reserva.

c) Cepille las rebanadas de baguette con un poco de aceite de oliva, colóquelas en una bandeja para hornear y ase ligeramente por ambos lados. Dejar de lado.

d) Coloque el halloumi en una bandeja para hornear y cepille con un poco de aceite de oliva. Ase a la parrilla por un lado hasta que se dore en algunos puntos, luego retírelo. Voltee cada rebanada de queso y colóquela encima de una tostada, luego cepille con aceite de oliva nuevamente y regrese al asador. Ase a la parrilla hasta que esté caliente y ligeramente dorada en algunos puntos.

e) Coloque 3 tostadas calientes cubiertas con halloumi en cada ensalada, exprima el jugo de lima sobre el halloumi y deje que un poco rocíe sobre las ensaladas. Espolvorear con orégano y servir.

41. <u>Tosta Trufada Y Ensalada De Rúcula</u>

4 RACIONES

INGREDIENTES :

- 4 rebanadas bastante gruesas de pain au levain, cada rebanada cortada en cuartos
- Aproximadamente 2 cucharaditas de aceite de trufa, o al gusto (los sabores de los diferentes aceites de trufa tienden a variar ampliamente)
- 2 quesos maduros de San Marcelino (alrededor de 2 ½ onzas cada uno)
- Una pizca de sal
- Alrededor de 8 onzas de hojas jóvenes de rúcula (alrededor de 4 tazas sin apretar)
- 2 cucharadas de aceite de oliva virgen extra Unos batidos de vinagre de Jerez

INSTRUCCIONES

a) Precaliente el horno a 400°F.

b) Disponer los trozos de pain au levain en una placa de horno y tostarlos ligeramente en el horno por ambos lados. Retire del horno y espolvoree cada uno con un poco de aceite de trufa, luego coloque aproximadamente 1 cucharada de queso de San Marcelino encima de cada tostada.

c) Espolvorea el queso ligeramente con una pizca de sal. Regrese al horno por unos momentos.

d) Mientras tanto, disponer la rúcula en 4 platos. Vierta sobre cada plato un poco de aceite de oliva, un poco de aceite de trufa y unas gotas aquí y allá de vinagre de Jerez. No lo tires, simplemente deja que las gotas reposen en los platos.

e) Retire las tostadas de queso del horno después de solo 30 a 45 segundos. No querrás que el queso se derrita por completo o chisporrotee y se vuelva aceitoso; quieres que simplemente se vuelva un poco cálido y cremoso.

f) Coloque 4 tostadas calientes en cada plato de ensalada y sirva inmediatamente.

42. Jamón, Queso y Piña

4 RACIONES

INGREDIENTES :

- 6 a 8 onzas de jamón de pavo, picado en trozos grandes o cortado en tiras si ya está cortado en rodajas finas
- 3 cucharadas de mayonesa o según sea necesario
- 4 rebanadas gruesas de piña fresca o 5 rebanadas enlatadas en su propio jugo
- 8 rebanadas de pan de trigo integral o de bayas de trigo, en rodajas finas
- Alrededor de 12 a 15 rebanadas de encurtidos de pan con mantequilla
- ½ cebolla, en rodajas finas
- Alrededor de 8 onzas de queso Taleggio (corte de la corteza) o queso Cheddar fuerte, en rodajas
- Aceite de oliva virgen extra para pincelar pan

INSTRUCCIONES

a) En un tazón pequeño, combine el jamón de pavo con la mayonesa. Hazlo a un lado.

b) Corte en dados o en trozos grandes la piña y déjela a un lado en un tazón. Si lo usa fresco, mézclelo con azúcar al gusto.

c) Coloque las rebanadas de pan. Sobre 4 de ellos esparcir la piña. En los otros 4, coloca primero algunos de los pepinillos, luego la mezcla de ensalada de jamón de pavo, luego un poco de cebolla y el Taleggio. Cubra con cuidado con las rebanadas de pan cubiertas con piña para formar sándwiches y presione bien. Cepille cada lado ligeramente con el aceite de oliva.

d) Caliente una sartén antiadherente pesada o una prensa para panini a fuego medio-alto. Coloque los sándwiches en la sartén, dore y presione, hasta que el primer lado esté crujiente y dorado y el queso comience a derretirse; luego, usando su espátula y posiblemente un poco de ayuda de su mano, voltee cuidadosamente los sándwiches y cocine en el otro lado, presionando mientras se doran.

e) Cuando los sándwiches estén crujientes y ligeramente dorados por ambos lados y el queso se haya derretido, retírelos de la sartén, córtelos por la mitad y sirva.

43. <u>Ricota Granola Crumble De Queso A La Parrilla</u>

INGREDIENTES :

- 15 onzas Ricotta
- 4 huevos
- 1/2 taza de leche
- 8 rebanadas de panceta
- 1 cebolla roja pequeña, en rodajas finas
- 5 cucharadas de mantequilla ablandada, dividida
- 1/2 taza de azúcar moreno
- 2 tazas de granola
- 8 rebanadas de pan remolino de canela

INSTRUCCIONES ;

a) Batir los huevos con la leche y reservar.

b) Agregue la panceta a la sartén precalentada y cocine hasta que esté crujiente a fuego medio alto. Retirar y reservar.

c) Ponga las cebollas en la sartén precalentada con 1 cucharada de mantequilla. Una vez que las cebollas comiencen a cocinarse, agregue azúcar morena y cocine hasta que estén blandas.

d) Agregue granola a un tazón y colóquelo al lado del tazón de huevo.

e) Coloque rebanadas de pan y unte mantequilla en un lado de cada rebanada, usando 2 cucharadas de mantequilla en total. En el lado sin mantequilla, extienda una capa gruesa de ricotta.

f) Cubra la ricota con las cebollas y la panceta y cubra con la rebanada de pan restante. Cuando esté cerrado, sumerja todo el sándwich en la mezcla de huevo y transfiéralo a la granola para cubrir completamente todos los lados.

g) Precaliente una sartén antiadherente y derrita 2 cucharadas de mantequilla a fuego medio-bajo. Una vez que la mantequilla se derrita, agregue el sándwich y cocine durante aproximadamente 90 segundos, presionando con una espátula. Voltee y repita hasta que estén crujientes. Retire, corte y sirva.

44. <u>Lasaña De Queso A La Parrilla</u>

INGREDIENTES :

- 16 onzas. Mozzarella, en rodajas
- 15 onzas Ricotta
- 2 cucharadas de queso parmesano rallado, dividido 1/2 cucharadita de pimienta negra
- 1 cucharadita de ajo fresco, picado
- 16 onzas. Carne molida
- 1 cucharada de albahaca fresca, licuada
- 8 rebanadas de pan italiano
- 2 cucharadas de mantequilla blanda
- 1 cucharadita de ajo en polvo
- 16 onzas. salsa de tomate, dividida

INSTRUCCIONES ;

a) En un tazón, combine ricotta, 1 cucharada de queso parmesano, pimienta negra, ajo y albahaca. Dejar de lado.

b) Caliente una sartén grande a fuego medio-alto. Cocine y revuelva la carne molida hasta que esté completamente dorada, aproximadamente de 7 a 10 minutos.

c) Coloque el pan, unte con mantequilla un lado y espolvoree con ajo en polvo y el parmesano restante.

d) En el lado sin mantequilla de 4 piezas, extienda la mezcla de ricotta (alrededor de 1-2 cucharadas en cada pieza). Coloque la carne molida cocida sobre la ricotta, seguida de las rebanadas de mozzarella. En las 4 piezas restantes, unte 1-2 cucharadas de salsa de tomate y colóquelas sobre la mozzarella para cerrar los sándwiches.

e) Mueva a una sartén precalentada a fuego medio y cocine durante aproximadamente 90 segundos, presionando con una espátula. Voltee y repita hasta que el queso se derrita y esté dorado.

f) Retire, corte y sirva con la salsa de tomate restante para mojar o
cubrir el sándwich.

45. <u>Queso Asado Clásico Italiano</u>

INGREDIENTES :

- 16 onzas. Mozzarella, en rodajas
- 2 cucharadas de queso parmesano rallado
- 4 empanadas de salchicha
- 1 pimiento verde, en rodajas finas
- 1 pimiento rojo, en rodajas finas
- 1 cebolla pequeña, en rodajas finas
- 1/4 taza de aceite de oliva
- 3/4 cucharaditas de ajo en polvo
- 8 rebanadas de pan italiano
- 2 cucharadas de mantequilla blanda

INSTRUCCIONES ;

a) Cocine las hamburguesas de salchicha a una temperatura interna de 165 grados F en la parrilla o en una parrilla.

b) Coloque los pimientos y las cebollas en rodajas en una bandeja para hornear. Cubra ligeramente con aceite y espolvoree con ajo en polvo. Hornee a 375 grados F durante 10 minutos hasta que se ablanden.

c) Coloque las rebanadas de pan y unte la mantequilla en un lado. Sazone el lado con mantequilla con ajo en polvo y queso parmesano.

d) En el lado sin mantequilla, coloque una capa de mozzarella, hamburguesa de salchicha, pimientos y cebollas y termine con más mozzarella.

e) Cierre el sándwich y colóquelo en una sartén antiadherente a fuego medio. Cocine durante aproximadamente un minuto, presionando con una espátula.

f) Voltee y repita hasta que el queso se derrita y esté dorado. Retire, corte y sirva.

INGREDIENTES :

- 16 onzas. Mozzarella, en rodajas
- 15 onzas Ricotta
- 2 cucharadas de queso parmesano, dividido
- 8 rebanadas de pan italiano, cortadas gruesas
- 2 cucharadas de mantequilla blanda
- 16 onzas. salsa de tomate
- 4 onzas. salsa pesto o 12-16 hojas de albahaca fresca, mezcladas con 1/4 taza de aceite de oliva
- 2 ramitas de menta fresca (aprox. 12-16 hojas), picadas
- 8 – 2 onzas albóndigas congeladas (cocidas), en rodajas

INSTRUCCIONES ;

a) Coloque rebanadas de pan. Unte mantequilla en un lado de cada uno y espolvoree 1 cucharada de queso parmesano en los lados de mantequilla.

b) Voltee y, en los lados sin mantequilla, extienda la salsa de tomate y una capa gruesa de queso ricotta. Unte el pesto sobre el queso, seguido de la menta picada y el queso parmesano restante. A continuación, coloque capas de rodajas de albóndigas y cubra con mozzarella.

c) Cierre el sándwich y muévalo a una sartén antiadherente precalentada mediana. Cocine durante aproximadamente 90 segundos, presionando hacia abajo con una espátula. Voltee y repita hasta que el queso se derrita y esté dorado. Retire, corte y sirva.

47. Pesto De Espinacas Y Queso A La Parrilla De Aguacate

INGREDIENTES :

- 16 onzas. Mozzarella, en rodajas
- 15 onzas Ricotta
- 1 cucharada de queso parmesano, rallado
- 2 cucharadas de albahaca fresca, finamente picada
- 8 rebanadas de pan de centeno marmoleado
- 2 cucharadas de mantequilla blanda
- 1 - 8 oz. paquete de espinacas congeladas, descongeladas y escurridas
- 2 aguacates (maduros), sin hueso y en rodajas

INSTRUCCIONES ;

a) En un tazón pequeño combine ricotta, pesto y queso parmesano y mezcle con un tenedor hasta que se mezclen. Doble para hacer ricotta extra esponjosa. Dejar de lado.

b) Coloque las rebanadas de pan y unte la mantequilla en un lado de cada pieza.

c) Extienda 1-2 cucharadas de la mezcla de ricotta en el lado sin mantequilla de 4 rebanadas.

d) Rompe las espinacas y colócalas del lado de la ricotta, seguido del aguacate y la mozzarella.

e) Cierre el sándwich y colóquelo en una sartén mediana precalentada. Cocine durante aproximadamente 90 segundos, presionando hacia abajo con una espátula. Voltee y repita hasta que el queso se derrita y esté dorado. Retire, corte y sirva.

48. <u>Fresa Albahaca Prosciutto Queso A La Parrilla</u>

INGREDIENTES :

- 12 onzas. Mozzarella fresca, en rodajas
- 8 rebanadas de pan blanco, cortadas gruesas
- 2 cucharadas de mantequilla blanda
- 8 fresas frescas (medianas a grandes), en rodajas finas
- 12 hojas de albahaca fresca, enteras
- 8 rebanadas de prosciutto, cortadas finas
- 2 onzas. glaseado balsámico

INSTRUCCIONES ;

a) Coloque rebanadas de pan y mantequilla a un lado de cada una.

b) En el lado sin mantequilla, coloque mozzarella fresca, fresas, hojas de albahaca y prosciutto. Rocíe con glaseado balsámico; coloque el pan restante encima y transfiéralo a una sartén antiadherente precalentada. Cocine durante aproximadamente un minuto, presionando con una espátula. Voltee y repita hasta que estén doradas.

c) Retire, rocíe con glaseado balsámico extra por encima si lo desea, corte y sirva.

49. <u>de ricotta y mermelada</u>

INGREDIENTES :

- 15 onzas Ricotta
- 4 cucharadas de mantequilla de almendras
- 2 cucharaditas de miel
- 12 rebanadas de panceta (se puede sustituir por tocino)
- 8 rebanadas de pan blanco, cortadas gruesas
- 2 cucharadas de mantequilla blanda
- 8 cucharadas de mermelada o jalea de fresa

INSTRUCCIONES

a) En un tazón pequeño, combine la mantequilla de almendras, la miel y la ricota. Dejar de lado.

b) Cocine la panceta hasta que esté crujiente.

c) Coloque las rebanadas de pan y unte la mantequilla en un lado de cada pieza. Voltee el pan y, en el lado sin mantequilla, extienda la mezcla de ricotta/mantequilla de almendras, seguida de jalea/mermelada y luego pancetta.

d) Cierra el sándwich y muévelo a una sartén precalentada a fuego bajo o medio.

e) Cocine durante aproximadamente 90 segundos, presionando hacia abajo con una espátula Voltee y repita hasta que estén doradas. Retire, corte y sirva.

50. Queso a la parrilla con pollo Buffalo

INGREDIENTES :

- 16 onzas. Mozzarella, en rodajas
- 4 - 4 onzas pechuga de pollo deshuesada, rebanada 1/4 taza de aceite vegetal 1/2 taza de salsa picante
- 1 tallo de apio, pequeño
- 1 zanahoria, pequeña
- 8 rebanadas de pan blanco
- 2 cucharadas de mantequilla blanda
- 1 taza de aderezo de queso azul

INSTRUCCIONES

a) Coloque el pollo en un plato. Cubra ambos lados con el aceite y colóquelos en una parrilla o sartén precalentada. Cocine a una temperatura interna de 165 grados F, aprox. 3 minutos por cada lado. Retirar de la parrilla y colocar en salsa picante. Dejar de lado.

b) Cortar el apio en trozos pequeños. Pelar la zanahoria y rasparla con un rallador de caja.

c) Toma 8 rebanadas de pan, unta mantequilla por un lado y unta queso azul por el otro lado. Por el lado del queso azul, coloque una capa de mozzarella, pollo, apio, zanahorias y termine con más mozzarella.

d) Cubrir con la otra pieza de pan y colocar en una sartén antiadherente a fuego medio. Cocine durante aproximadamente un minuto, presionando con una espátula.

e) Voltee y repita hasta que el queso se derrita y esté dorado. Retire, corte y sirva.

51. <u>Pizza vegetariana con queso a la parrilla</u>

INGREDIENTES :

- 16 onzas. Mozzarella, en rodajas
- 15 onzas Ricotta
- 4 cucharadas de queso parmesano, dividido
- 1 berenjena, pequeña
- 2 pimientos rojos
- 1 calabacín, grande
- 3/4 taza de aceite de oliva, dividido
- 1 cucharadita de ajo fresco, picado
- 4 - 8 pulgadas de base para pizza, precocidas
- 1 ramita de romero fresco, sin tallo y finamente picado

INSTRUCCIONES

a) Precaliente el horno a 375 grados F.

b) Pele la berenjena y córtela en rodajas de 1/4 de pulgada. Corte los pimientos y el calabacín en rodajas de 1/4 de pulgada. Coloque las verduras en una bandeja para hornear y cubra ligeramente con aceite de oliva. Hornee en el horno a 375 grados durante 15-20 minutos hasta que se ablanden.

c) En un tazón, agregue ricotta, ajo y la mitad del queso parmesano y mezcle con un tenedor hasta que se mezclen. Doble para hacer ricotta extra esponjosa. Dejar de lado.

d) Coloque la masa de pizza prehorneada y cubra ligeramente con el aceite de oliva restante. Espolvorea un lado con el romero picado y el queso parmesano restante. Voltee y en el lado sin sazonar extienda la mezcla de ricota. Dejar de lado.

e) Una vez que las verduras estén listas, arme el sándwich colocando la berenjena, el calabacín y los pimientos sobre la mitad de la masa de ricotta seguido de la mozzarella. Cierre y coloque en una sartén precalentada o en una sartén antiadherente a fuego bajo o medio. Asegúrate de que la sartén sea más grande que la corteza.

f) Cocine durante aproximadamente 90 segundos, presionando hacia abajo con una espátula. Voltee y repita hasta que estén doradas y el queso esté completamente derretido. Retire, corte y sirva.

Rinde 1 porción

INGREDIENTES :

- 2 piezas de pan de masa madre
- 1 ½ cucharadas de mantequilla sin sal
- 1 ½ cucharadas de mayonesa
- 3 rebanadas de queso cheddar

INSTRUCCIONES

a) En una tabla de cortar, unte cada trozo de pan con mantequilla por un lado.

b) Voltea el pan y unta cada trozo de pan con mayonesa.

c) Coloque el queso en el lado untado con mantequilla de una pieza de pan. Cúbrelo con la segunda rebanada de pan, con el lado de la mayonesa hacia afuera.

d) Caliente una sartén antiadherente a fuego medio bajo.

e) Coloque el sándwich en la sartén, con la mayonesa hacia abajo.

f) Cocine durante 3-4 minutos, hasta que estén doradas.

g) Con una espátula, voltee el sándwich y continúe cocinando hasta que esté dorado, aproximadamente 2-3 minutos.

53. Sandwich de queso fundido

Rendimiento 2

INGREDIENTES :

- 4 rebanadas de pan blanco
- 3 cucharadas de mantequilla, dividida
- 2 rebanadas de queso cheddar

INSTRUCCIONES

a) Precaliente la sartén a fuego medio.

b) Mantequilla generosamente un lado de una rebanada de pan. Coloque el pan con la mantequilla hacia abajo en el fondo de la sartén y agregue 1 rebanada de queso.

c) Unte con mantequilla una segunda rebanada de pan por un lado y colóquela con la mantequilla hacia arriba sobre el sándwich.

d) Ase a la parrilla hasta que esté ligeramente dorado y voltee; continúe asando hasta que el queso se derrita.

e) Repita con las 2 rebanadas de pan restantes, la mantequilla y la rebanada de queso.

54.   <u>Sándwich Havarti De Espinacas Y Eneldo</u>

4 RACIONES

INGREDIENTES :
- 8 rebanadas finas de pan blanco estilo rústico italiano
- 3-4 cucharadas de pasta de trufa blanca u otra trufa o porcini de trufa
- 4 onzas de queso Taleggio, rebanado
- 4 onzas de queso fontina, rebanado Mantequilla blanda para untar en el pan

INSTRUCCIONES

a) Unte ligeramente 1 lado de cada rebanada de pan con pasta de trufa. Cubra 4 de las rebanadas con Taleggio y fontina, luego cubra cada una con otra pasta de trufa y unte el pan.

b) Unte ligeramente la mantequilla en el exterior de cada sándwich, luego caliente una prensa para panini o una sartén antiadherente pesada a fuego medio-alto.

c) Dore los sándwiches, volteándolos una o dos veces, hasta que el pan esté crujiente y dorado y el queso se haya derretido.

d) Sirva inmediatamente, fragante con trufa y rezumando queso derretido, cortado en cuartos o barras delicadas.

55. Jack a la parrilla sobre centeno con mostaza

PORCIONES 4 _

INGREDIENTES :

- 2 cucharadas de tapenade de aceitunas verdes
- 3 cucharadas de mostaza Dijon suave
- 8 rebanadas de pan de centeno sin semillas
- 8-10 onzas de queso Jack u otro queso blanco suave (como Havarti o Edam), en rodajas
- Aceite de oliva para pincelar el pan

INSTRUCCIONES

a) Mezclar la tapenade con la mostaza en un bol pequeño.

b) Disponer el pan y untar 4 de las rebanadas de un solo lado con la mostaza tapenade al gusto. Cubra con el queso y la segunda rebanada de pan, luego presione bien.

c) Cepille ligeramente el exterior de cada sándwich con el aceite de oliva, luego dore en una sandwichera, una prensa para panini o una sartén antiadherente pesada, con peso para presionar los sándwiches a medida que se doran.

d) Cocine a fuego medio-alto hasta que esté ligeramente crujiente por fuera y el queso se derrita por dentro.

e) Servir caliente y chisporroteante, dorado.

56. Radicchio y Roquefort en Pain au Levain

4 RACIONES

INGREDIENTES :
- 6-8 onzas de queso Roquefort
- 8 rebanadas delgadas de pain au levain o pan de masa fermentada
- 3 cucharadas de nueces tostadas picadas en trozos grandes
- 4-8 hojas grandes de achicoria
- Aceite de oliva para pincelar o mantequilla blanda para untar en el pan

INSTRUCCIONES

a) Extienda el queso Roquefort de manera uniforme en las 8 rebanadas de pan.
b) Espolvoree 4 de las rebanadas de queso para untar con nueces, luego cubra cada una con una pieza o 2 de radicchio; use suficientes hojas para mirar por los bordes. Cubra cada uno con una segunda pieza de pan untado con queso y presione para sellar. Cepille el exterior con el aceite o la mantequilla.
c) Caliente una sartén antiadherente pesada o una prensa para panini a fuego medio-alto. Coloque los sándwiches en la sartén, trabajando en 2 lotes, según el tamaño de la sartén. Reduzca el peso de acuerdo con la punta sobre , y cocine, volteando una o dos veces hasta que el pan esté crujiente y el queso se haya derretido.
d) Sirva inmediatamente, cortado en mitades o cuartos.

57. Queso a la plancha con ajo sobre centeno

4 RACIONES

INGREDIENTES :

- 4 rebanadas grandes y gruesas de pan integral de centeno
- 4 dientes de ajo, partidos por la mitad
- 4-6 onzas de queso feta, en rodajas finas o desmenuzado
- 2 cucharadas de cebollín fresco picado o cebolla verde
- Aproximadamente 6 onzas de queso blanco suave para derretir, en rodajas finas o rallado, como Jack, Asiago mediano o Chaume

INSTRUCCIONES

a) Precaliente el asador.

b) Tueste ligeramente el pan en una bandeja para hornear debajo del asador. Frote ambos lados con ajo. Pica el ajo sobrante y déjalo a un lado por un momento.

c) Coloque el queso feta sobre las tostadas frotadas con ajo, espolvoree con el ajo picado sobrante, luego con cebollino y cubra con el segundo queso.

d) Ase a la parrilla hasta que el queso se derrita y chisporrotee, dorándose ligeramente en algunos puntos, y los bordes de la tostada estén crujientes y dorados.

e) Sirva de inmediato, caliente y rezumando.

58. Queso Derretido Británico Y Pepinillo

4 RACIONES

INGREDIENTES :
- 4 rebanadas de pan blanco o integral sabroso y abundante
- Aproximadamente 3 cucharadas de pepinillo, picado en trozos grandes
- 6-8 onzas de queso Cheddar maduro fuerte o Cheshire inglés, en rodajas

INSTRUCCIONES

a) Precaliente el asador.
b) Coloque el pan en una bandeja para hornear. Tueste ligeramente debajo del asador, luego retire y extienda el pepinillo generosamente sobre el pan ligeramente tostado; cubra con el queso y coloque debajo del asador hasta que el queso se derrita.

59. <u>Mozzarella fresca, prosciutto y mermelada de higos</u>

4 RACIONES

INGREDIENTES :

- 4 panecillos franceses o italianos suaves (o medio horneados si está disponible)
- 10—12 onzas de queso mozzarella fresco, en rodajas gruesas
- 8 onzas de prosciutto, en rodajas finas
- ¼-½ taza de mermelada de higos o conservas de higos, al gusto
- Mantequilla blanda para untar en el pan

INSTRUCCIONES

a) Divida cada rollo y cubra con la mozzarella y el prosciutto. Unte las rebanadas superiores con la mermelada de higo, luego cierre.

b) Unte con mantequilla el exterior de cada sándwich.

c) Caliente una sartén antiadherente pesada o una prensa para panini a fuego medio-alto. Coloque los sándwiches en la sartén, trabajando en dos tandas dependiendo del tamaño de la sartén. Presione o cierre la parrilla y dore, volteando una o dos veces, hasta que el pan esté crujiente y el queso se haya derretido. Aunque los rollos comienzan siendo redondos, una vez prensados son considerablemente más planos y se pueden girar fácilmente, aunque con cuidado.

60. <u>Roast Beef Raro con Queso Azul</u>

4 RACIONES

INGREDIENTES :

- 4 panecillos tiernos de masa madre o dulces
- 10-12 onzas de queso azul, a temperatura ambiente para untar más fácilmente
- 8-10 onzas de carne asada poco hecha, en rodajas finas
- un puñado de hojas de berro
- Mantequilla blanda para untar en el pan

INSTRUCCIONES

a) Divida cada rollo, luego unte generosamente con queso azul en cada lado. En cada rollo, coloque la carne asada en capas, luego las hojas de berros y cierre nuevamente, presionando bien para sellar.

b) Unte con mantequilla el exterior de cada sándwich.

c) Caliente una sartén antiadherente pesada, o una prensa para panini, a fuego medio-alto.

d) Coloque los sándwiches en la sartén, trabajando en 2 lotes, dependiendo del tamaño de la sartén.

e) Reduzca el peso y cocine, volteando una o dos veces hasta que el pan esté crujiente y el queso se haya derretido.

61. Leicester rojo con cebolla

4 RACIONES

INGREDIENTES :

- 8 rebanadas delgadas de trigo integral suave, bayas de trigo germinadas, eneldo o pan blanco abundante como el pan de patata
- ½ cebolla mediana, pelada y cortada en rodajas muy finas transversalmente
- 10-12 onzas de queso tipo Cheddar suave
- Aceite de oliva para pincelar o mantequilla blanda para untar en el pan
- Una mostaza de elección suave, valiente y muy interesante.

INSTRUCCIONES

a) Extiende las rebanadas de pan. Cubra 4 piezas de pan con una sola capa de cebolla, luego suficiente queso para cubrir completamente el pan y la cebolla. Cubra cada una con las rebanadas de pan restantes para formar sándwiches y presione bien.

b) Cepille el exterior de los sándwiches con aceite de oliva o unte con mantequilla blanda.

c) Caliente una sartén antiadherente pesada o una prensa para sándwiches a fuego medio-alto, luego agregue los sándwiches y reduzca el fuego a medio. Coloque un peso encima si usa una sartén, y baje el fuego si amenaza con quemarse. Revisa cada cierto tiempo; cuando estén dorados y descascarillados por un lado, voltéalos, pésalos hacia abajo y dora el otro lado.

d) Sirva inmediatamente, cortado en gajos o triángulos, acompañado de mostaza para untar.

62. Havarti de espinacas y eneldo en pan

4 RACIONES

INGREDIENTES :
- 2 dientes de ajo, picados
- 2 cucharadas de aceite de oliva virgen extra, dividido
- 1 taza de espinacas cocidas, picadas, escurridas y exprimidas
- 8 rebanadas de pan multigrano o 1 pieza de focaccia, de aproximadamente 12 × 15 pulgadas, cortadas horizontalmente
- 8 onzas de eneldo Havarti, en rodajas

INSTRUCCIONES

a) En una sartén antiadherente pesada a fuego medio-bajo, caliente el ajo en 1 cucharada de aceite de oliva, luego agregue las espinacas y cocine juntas un momento o dos para que se calienten.

b) En 4 rebanadas de pan (o la capa inferior de la focaccia), coloque el queso, luego cubra con las espinacas y una segunda rebanada de pan (o la parte superior de la focaccia).

c) Presione para sellar bien, luego cepille ligeramente el exterior de los sándwiches con el aceite de oliva restante.

d) Dorar los sándwiches en la sartén, _dándoles peso_ , o en una prensa para panini a fuego medio-alto. Cocine hasta que estén ligeramente crujientes y doradas por un lado, luego voltee y dore el otro lado. Cuando el queso se derrita el sándwich está listo.

e) Servir de inmediato, cortar en diagonal.

4 RACIONES

INGREDIENTES :

- 4 rebanadas de pan blanco de buena calidad
- 6-8 onzas de queso Cheddar maduro, en rodajas finas
- 1-2 pepinillos dulces o encurtidos de eneldo kosher, en rodajas finas

INSTRUCCIONES

a) Precaliente el asador.

b) Tueste ligeramente el pan debajo del asador, luego cubra cada rebanada con un poco de queso, el pepinillo y más queso. Ase hasta que el queso se derrita y los bordes del pan queden crujientes y dorados.

c) Servir de inmediato, cortar en cuartos.

64. Especial de bar de Harry

HACE 12; PARA 4 RACIONES

INGREDIENTES :

- 6 onzas de queso Gruyère, Emmentaler u otro queso suizo, rallado en trozos grandes
- 2-3 onzas de jamón ahumado cortado en cubitos
- Una pizca generosa de mostaza seca.
- Unos batidos de salsa Worcestershire
- 1 cucharada de crema batida o crema agria, o suficiente para mantener todo junto
- 8 rebanadas muy finas de pan blanco denso, cortezas cortadas
- Aceite de oliva para pincelar o mantequilla blanda para untar en el pan

INSTRUCCIONES

a) En un tazón mediano, combine el queso con el jamón ahumado, la mostaza y la salsa Worcestershire. Mezcle bien, luego mezcle la crema, agregando solo lo suficiente para que forme una mezcla firme y se mantenga unida.

b) Extienda la mezcla de queso y jamón muy espesa sobre 4 pedazos de pan y cubra con los otros 4. Presione bien y corte los sándwiches en 3 dedos cada uno.

c) Cepille el exterior de los sándwiches con aceite de oliva, luego dore a fuego medio-alto en una sartén antiadherente pesada, presionándolos con la espátula mientras se cocinan. Cuando estén ligeramente crujientes por el primer lado, darles la vuelta y dorar el segundo lado.

d) Sirva caliente, de inmediato.

65. Casse Croûte de Queso Azul y Gruyère

4 RACIONES

INGREDIENTES :
- 1 baguette, dividida a lo largo y ligeramente ahuecada
- 2-3 cucharadas de mantequilla blanda para untar en el pan
- 1-2 cucharadas de vino blanco seco
- 3-4 dientes de ajo picados
- 8-10 onzas de queso azul sabroso
- 8-10 onzas de Gruyère
- Ralladura de nuez moscada

INSTRUCCIONES

a) Precaliente el asador.
b) Unte las mitades de baguette ligeramente por dentro con la mantequilla, luego espolvoree con un poco de vino blanco y un poco de ajo. Capa sobre los quesos, terminando con una capa de Gruyère, y terminando con una ralladura de nuez moscada, el resto del ajo y unas gotas más de vino.
c) Ase los sándwiches hasta que el queso se derrita y chisporrotee y los bordes del pan estén crujientes y dorados.
d) Cortar en trozos de unos centímetros de largo y servir de inmediato.

66. Crujiente Comté Trufado con Rebozuelos Negros

4 RACIONES

INGREDIENTES :

- 1 onza de champiñones rebozuelos negros frescos o ½ onza secos
- 6 cucharadas de mantequilla sin sal
- ¼ taza de caldo de champiñones o vegetales
- 2 cucharadas de aceite de trufa negra, o al gusto

Sándwiches

- 1 baguette, en rodajas finas en una ligera diagonal
- 8 onzas de queso Comté, rebanado de aproximadamente 1/8 de pulgada de grosor y cortado para que quepa en las rebanadas pequeñas de baguette
- 1—2 cucharadas de aceite de oliva virgen extra para pincelar el pan
- 1—2 dientes de ajo, picados
- 1—2 cucharadas de cebollino fresco picado o perejil de hoja plana

INSTRUCCIONES

a) Para hacer los rebozuelos salteados: Si usa champiñones frescos, lávelos y séquelos, luego píquelos finamente. Si usa champiñones secos, vierta el caldo de champiñones, calentado hasta que hierva, sobre los champiñones para rehidratarlos. Dejar reposar, cubierto, durante unos 30 minutos o hasta que esté suave y flexible. Retirar del líquido y escurrir, reservando el líquido para la cocción de abajo. Trocear los champiñones rehidratados y proceder como si fueran frescos.

b) Caliente la mantequilla a fuego medio en una sartén antiadherente pesada; cuando se derrita y tenga un color marrón nuez, agregue los champiñones y chisporrotee unos momentos en la mantequilla caliente. Vierta el caldo y cocine a fuego medio-alto hasta que el líquido se evapore casi por completo, de 5 a 7 minutos. Retire del fuego y vierta en un bol.

Dejar enfriar unos minutos, luego agregar el aceite de trufa y remover bien, mezclándolo enérgicamente.

c) Coloque las rebanadas de baguette; untar la mitad de ellos con la mezcla de champiñones trufados, luego cubrir con lonchas de queso y por último los trozos restantes de baguette. Presiona bien; los sándwiches, al ser pequeños y con un relleno relativamente seco, tienden a desmoronarse . Sin embargo, una vez que los sándwiches se doran, el queso se derrite y los mantiene unidos.

d) Cepille el exterior de cada sándwich ligeramente con el aceite de oliva. Caliente una sartén antiadherente pesada a fuego medio-alto y luego agregue los sándwiches, trabajando en lotes según sea necesario. Cubra con un peso y reduzca el fuego a medio o medio-bajo. Dore los sándwiches, volteándolos una o dos veces, hasta que el pan esté crujiente y dorado y el queso se haya derretido. Espolvorea con un poco de ajo y cebollín, y sirve.

e) Espolvorear el ajo justo antes de sacarlo de la sartén mantiene el sabor picante y fuerte del ajo crudo, de modo que cada pequeño sándwich sabe como un crutón de ajo relleno de queso y trufa. Repita con los sándwiches restantes, quitando el ajo sobrante de la sartén para que no se queme en la siguiente ronda de dorado del sándwich.

HACE 12; PARA 4 RACIONES

INGREDIENTES :

- 12 rebanadas finas de baguette
- Aceite de oliva virgen extra
- 3—4 onzas de queso de cabra ligeramente curado
- Aproximadamente ¼ de cucharadita de comino molido
- ½ cucharadita de tomillo
- ¼-½ cucharadita de pimentón
- Aproximadamente 1/8 de cucharadita de cilantro molido
- 2 dientes de ajo, picados
- 1—2 cucharadas de cilantro fresco picado

INSTRUCCIONES

a) Precaliente el asador.
b) Cepille las rebanadas de baguette con aceite de oliva, colóquelas en una sola capa en una bandeja para hornear y tueste ligeramente debajo del asador por cada lado.
c) Cubra las rebanadas de baguette tostadas con el queso, luego espolvoree con el comino, el tomillo, el pimentón, el cilantro y el ajo picado. Rocíe con aceite de oliva y ase hasta que el queso se derrita un poco y se dore en algunas partes.
d) Espolvorea con el cilantro y sirve de inmediato.

HACE 8; PARA 4 RACIONES
MERMELADA DE REMOLACHA CON JENGIBRE

INGREDIENTES :
- 3 remolachas rojas medianas-grandes (16 a 18 onzas en total), enteras y sin pelar
- 1 cebolla, en cuartos, más ½ cebolla, picada
- ½ taza de vino tinto
- Aproximadamente ¼ de taza de vinagre de vino tinto
- Unas 2 cucharadas de azúcar
- 2 cucharadas de pasas o higos secos picados
- Aproximadamente ½ cucharadita de jengibre fresco pelado picado
- Una pizca de polvo de cinco especias, clavo de olor o pimienta de Jamaica

Sándwiches
- 16 rebanadas diagonales muy finas de baguette rancia o chapata rancia en rodajas finas
- 6 onzas de queso roquefort
- Aproximadamente 1 cucharada de aceite de oliva para pincelar el pan
- Alrededor de 2 tazas (3 onzas) de berros

INSTRUCCIONES

a) Precaliente el horno a 375°F.

b) **Para hacer la mermelada de remolacha:** coloque las remolachas, la cebolla cortada en cuartos y el vino tinto en una bandeja para hornear lo suficientemente grande como para que quepan con unas pocas pulgadas de espacio entre ellas. Cubra la sartén con papel de aluminio, luego hornee durante una hora o hasta que las remolachas estén tiernas. Retire, destape y deje enfriar.

c) Cuando se enfríe, quite la piel de las remolachas, luego córtelas en trozos de ¼ a 1/8 de pulgada . Pica en trozos grandes la cebolla cocida y combínala con las remolachas asadas cortadas en cubitos y los jugos de cocción de la sartén en una cacerola junto con la cebolla cruda picada, el vinagre, el azúcar, las pasas, el jengibre y varias cucharadas de agua.

d) Llevar a ebullición y cocinar a fuego medio-alto hasta que la cebolla se ablande y la mayor parte del líquido se haya evaporado. No dejes que se queme. Retire del fuego y ajuste los sabores con más azúcar y vinagre. Sazone muy sutilmente, solo una pizca, con polvo de cinco especias. Dejar de lado. Hace alrededor de 2 tazas.

e) **Para hacer los sándwiches:** Coloque 8 de las rebanadas de baguette y unte cada una con una capa gruesa de queso Roquefort. Cubra cada uno con las rebanadas restantes de baguette y presione bien para sostener. Cepille cada lado de los pequeños sándwiches con una pequeña cantidad de aceite de oliva.

f) Caliente una sartén antiadherente pesada a fuego medio-alto y coloque los sándwiches en ella. Reduzca el fuego a medio-bajo o medio. Cocine los sándwiches hasta que estén dorados y crujientes en el primer lado, presione ligeramente con la espátula, luego voltee y dore ligeramente el otro lado.

g) Sirva los bocadillos crujientes y calientes en un plato, adorne con uno o dos mechones de berros y una cucharada generosa de mermelada de remolacha.

69. Bocadillo de la Isla de Ibiza

4 RACIONES
UNTA DE ATÚN Y PIMIENTO ROJO

INGREDIENTES :
- 6 onzas de atún de carne blanca en trozos, empacado en aceite de oliva, escurrido
- 1 pimiento rojo, asado, pelado y picado (de un frasco está bien)
- ½ cebolla, finamente picada
- 4—6 cucharadas de mayonesa
- 1 cucharada de aceite de oliva virgen extra
- 1—2 cucharaditas de pimentón
- Unas gotas de limón fresco
- jugo
- Sal
- Pimienta negra

Sándwiches
- 8 rebanadas de pan de tomate secado al sol
- 8 onzas de queso Gouda añejo, Jack o Cheddar blanco
- Aceite de oliva para pincelar el pan

INSTRUCCIONES

a) Para hacer la mezcla de atún: Desmenuce el atún con un tenedor en un tazón mediano, luego mezcle con el pimiento rojo, la cebolla, la mayonesa, el aceite de oliva extra virgen, el pimentón, el jugo de limón, la sal y la pimienta. Ajuste las cantidades de mayonesa para alcanzar una buena consistencia espesa.

b) Para hacer los sándwiches: Coloque 4 rebanadas de pan y cubra cada una con una cuarta parte del queso. Cubra con la mezcla de atún, luego con el pan restante.

c) Cepille el exterior de los sándwiches ligeramente con el aceite de oliva. Caliente una sartén antiadherente pesada a fuego medio-alto y agregue los sándwiches.

d) Pásalas con el fondo de una sartén pesada , no para presionarlas, sino para sujetar la parte superior y mantenerlas planas mientras el queso se derrite. Baje el fuego a medio y cocine por el primer lado hasta que el pan esté crujiente y dorado, luego voltee y repita.

e) Levante la bandeja de pesaje de vez en cuando para comprobar la situación con el queso.

f) Cuando se derrita, y se nota porque se derramará un poco, y el pan esté dorado y crujiente, retírelo de la sartén. Si el pan se pone demasiado oscuro antes de que el queso se derrita, reduzca el fuego.

g) Sirva de inmediato, caliente y crujiente.

70. <u>Sándwich **a** la parrilla</u>

4 RACIONES

INGREDIENTES :

- 3 cucharadas de mayonesa
- 1 cucharada de alcaparras, escurridas
- 8 rebanadas gruesas de tocino
- 8 rebanadas finas de pain au levain, cortadas de la mitad de un pan grande (alrededor de 10 pulgadas de largo, 5 pulgadas de ancho)
- 8 onzas de queso Beaufort, Comté o Emmentaler, rebanado
- 2 tomates maduros, en rodajas
- 2 pechugas de pollo deshuesadas, escalfadas, asadas o a la parrilla, en rodajas
- Aceite de oliva para pincelar el pan
- Aproximadamente 2 tazas de hojas de rúcula
- Unas 12 hojas de albahaca fresca

INSTRUCCIONES

a) En un tazón pequeño, combine la mayonesa con las alcaparras. Dejar de lado.

b) Cocine el tocino en una sartén antiadherente pesada hasta que esté crujiente y dorado por ambos lados. Retire de la sartén y escurra sobre toallas de papel absorbente.

c) Coloque 4 pedazos de pan en una superficie de trabajo y cubra cada uno con una capa de queso, luego una capa de tomates, tocino y finalmente el pollo.

d) Extienda generosamente la mayonesa de alcaparras sobre las 4 rebanadas de pan restantes y cubra cada sándwich. Presione para cerrar herméticamente.

e) Cepille el exterior ligeramente con aceite de oliva.

f) Caliente una sartén antiadherente pesada o una prensa para panini a fuego medio-alto. Agregue los sándwiches, trabajando en dos lotes si es necesario. Reduzca el peso de los sándwiches ligeramente, reduzca el fuego a medio y cocine hasta que el fondo del pan se dore en algunas partes y el queso se haya derretido un poco.

g) Voltee con cuidado, usando sus manos para ayudar a estabilizar los sándwiches en la espátula si amenazan con desmoronarse. Dorar por el segundo lado, sin peso, pero presionando un poco los sándwiches para consolidarlos y mantenerlos unidos.

h) Retire de la sartén, abra la parte superior de los 4 sándwiches y rellene con un puñado de rúcula y algunas hojas de albahaca, luego ciérrelos.

i) Cortar por la mitad y servir de inmediato.

71. Rarebit galés con huevo escalfado

4 RACIONES

INGREDIENTES :

- 4 huevos grandes
- Unas gotas de vinagre de vino blanco
- 4 rebanadas de pan integral o de masa fermentada, o 2 muffins ingleses partidos por la mitad
- Aproximadamente 2 cucharadas de mantequilla blanda
- 12 onzas de queso Cheddar o Cheshire fuerte, rallado en trozos grandes
- 1-2 cebollas verdes, en rodajas finas
- 1—2 cucharaditas de cerveza o lager (opcional)
- ½ cucharadita de mostaza integral y/o varias pizcas de mostaza seca en polvo
- Varios batidos generosos de salsa Worcestershire
- Varios batidos de pimienta de cayena

INSTRUCCIONES

a) Escalfa los huevos: Rompe cada huevo y colócalo en una taza o cazuela. Ponga a hervir una sartén profunda llena de agua; baje el fuego y manténgalo a fuego lento burbujeante. No salar el agua, sino añadir unos batidos de vinagre. Deslice cada huevo en el agua ligeramente hirviendo.

b) Cocine los huevos hasta que las claras estén firmes y las yemas aún líquidas, de 2 a 3 minutos. Retire con una espumadera y coloque en un plato para drenar el exceso de agua.

c) Precaliente el asador.

d) Tostar ligeramente el pan debajo del asador y untarlo ligeramente con mantequilla.

e) Coloque el pan en una bandeja para hornear. Cubra cada pieza con 1 de los huevos escalfados.

f) En un tazón mediano, mezcle el Cheddar, las cebollas verdes, la cerveza, la mostaza, la salsa Worcestershire y la pimienta de cayena. Cucharee suavemente la mezcla de queso de manera uniforme sobre los huevos escalfados, teniendo cuidado de no romper las yemas.

g) Ase las tostadas cubiertas con queso y huevo hasta que el queso se derrita en una mezcla pegajosa similar a una salsa, y los bordes del queso y la tostada estén crujientes y dorados. Sirva de inmediato.

72. <u>Una magdalena caliente</u>

4 RACIONES

INGREDIENTES :
- 4 panecillos franceses suaves
- Aceite de oliva virgen extra
- Unos batidos aquí y allá de vinagre de vino tinto.
- 4—6 dientes de ajo, picados
- 3—4 cucharaditas de alcaparras, escurridas
- 2-3 pizcas grandes de orégano seco, desmenuzado
- ½ taza de pimiento rojo asado picado o cortado en cubitos
- 4 pimientos en escabeche suaves, como griego o italiano, en rodajas
- ½ cebolla roja u otra cebolla suave, en rodajas muy finas
- ½ taza de aceitunas verdes rellenas de pimiento, en rodajas
- 1 tomate grande, en rodajas finas
- 4 onzas de salami seco, en rodajas finas
- 4 onzas de jamón, pavo ahumado
- 8 onzas de queso provolone en rodajas finas

INSTRUCCIONES

a) Abre los rollos y saca un poco de su interior esponjoso. Espolvorea cada lado cortado con aceite de oliva y vinagre, luego con el ajo, las alcaparras y el orégano. En un lado de cada rollo, coloque en capas el pimiento rojo, los pimientos en escabeche, la cebolla, las aceitunas, el tomate, el salami, el jamón y, por último, el queso. Cierra herméticamente y presiona bien para ayudar a sellar.

b) Caliente una sartén antiadherente pesada a fuego medio-alto y cepille ligeramente el exterior de cada rollo con aceite de oliva. Coloque los sándwiches en la sartén y péselos , o colóquelos en una prensa para panini.

c) Cocine hasta que estén doradas por un lado, luego gire y dore el otro lado. Los sándwiches estarán listos cuando estén dorados y crujientes y el queso haya rezumado un poco y esté crujiente en algunos lugares. Cortar en mitades y comer de inmediato.

73. <u>Sándwich Cubano</u>

4 RACIONES

INGREDIENTES :
salsa mojo
- 2 cucharadas de aceite de oliva virgen extra
- 8 dientes de ajo, en rodajas finas
- 1 taza de jugo de naranja y/o jugo de toronja
- ½ taza de jugo de lima fresco y/o jugo de limón
- ½ cucharadita de comino molido Sal
- Pimienta negra

Sándwiches
- 1 baguette blanda o 4 panecillos franceses largos y blandos, partidos
- Mantequilla blanda o aceite de oliva para pintar el pan
- 6 onzas de jamón hervido o asado con miel en rodajas finas
- 1 pechuga de pollo cocida, aproximadamente 6 onzas, en rodajas finas
- 8 onzas de queso sabroso como Gouda, manchego o Edam, en rodajas
- 1 eneldo, eneldo kosher o pepinillo dulce, en rodajas finas
- Unas 4 hojas de lechuga mantequilla o Boston Bibb
- 2-3 tomates maduros medianos, en rodajas

INSTRUCCIONES

a) Para hacer la salsa de mojo: Caliente suavemente el aceite de oliva y el ajo en una sartén pequeña y pesada hasta que el ajo esté ligeramente dorado pero no dorado, aproximadamente 30 segundos. Agregue los jugos de cítricos, el comino, la sal y la pimienta al gusto y retire del fuego. Deje enfriar, pruebe y ajuste para sazonar. Dura hasta 3 días en el refrigerador. Rinde 1 ½ tazas.

b) Precaliente el asador.

c) Para hacer los sándwiches: saca un poco del interior esponjoso de cada panecillo. Deseche el pan extraído o resérvelo para otro uso. Cepille ambos lados de los rollos con una pequeña cantidad de mantequilla blanda o aceite de oliva. Tueste ligeramente debajo del asador por cada lado, luego retírelo del fuego.

d) Rocíe un poco de la salsa mojo sobre los lados cortados del pan, luego cubra con el jamón, el pollo, el queso y el pepinillo. Cierre bien y presione para ayudar a sellar y cepille ligeramente la parte exterior de los sándwiches con aceite de oliva.

e) Caliente una sartén antiadherente pesada o una prensa para panini a fuego medio-alto y dore los sándwiches, dándoles un peso . Desea presionar los sándwiches lo más plano posible. Cocine hasta que esté ligeramente crujiente por fuera y el queso comience a derretirse. Aplasta los sándwiches con la espátula cuando los voltees para ayudar a que queden planos también.

f) Cuando los sándwiches estén crujientes y dorados, retírelos de la sartén. Abre, agrega la lechuga y el tomate, y sirve de inmediato, con extra de mojo al lado.

74. Queso parisino a la parrilla

PARA 4 PERSONAS

INGREDIENTES :

- 8 rebanadas de pan blanco o francés de buena calidad, firmes y sabrosas
- 4 lonchas finas de jamón cocido o al horno o jamón de pavo
- 2 cucharadas de mantequilla blanda sin sal
- 4 onzas de queso tipo Gruyère

INSTRUCCIONES

a) Precaliente el asador.

b) Coloque 4 rebanadas de pan en una bandeja para hornear, luego cubra con el jamón y las rebanadas de pan restantes para hacer sándwiches. Unte con mantequilla cada sándwich por fuera, luego colóquelo debajo del asador hasta que esté ligeramente dorado, voltee y dore por el otro lado.

c) Espolvorea queso por toda la parte superior de un lado de los sándwiches, luego regresa al asador por unos momentos o hasta que el queso se derrita y burbujee un poco aquí y allá. Coma de inmediato con una ensalada verde al lado.

75. <u>Bocadillo de la Isla de Ibiza</u>

PARA 4 PERSONAS

INGREDIENTES :

- 4 panecillos grandes, suaves y planos, estilo francés o italiano
- 6-8 dientes de ajo, partidos por la mitad
- 4—6 cucharadas de aceite de oliva virgen extra
- 1 cucharada de pasta de tomate
- 2-3 tomates maduros grandes, en rodajas finas
- Espolvorear generosamente con orégano seco
- 8 lonchas finas de jamón ibérico o similar como prosciutto
- Alrededor de 10 onzas de queso suave y derretido, pero sabroso, como el manchego, Idiazábal, Mahon o un queso de California como el semi secco de Ig Vella o Jack
- Aceitunas mediterráneas mixtas

INSTRUCCIONES

a) Precaliente el asador.

b) Corte los panecillos y tuéstelos ligeramente por cada lado debajo del asador.

c) Frote el ajo en el lado cortado de cada pieza de pan.

d) Rocíe el pan frotado con ajo con el aceite de oliva y cepille el exterior con un poco más de aceite. Unte ligeramente con la pasta de tomate, luego coloque los tomates en rodajas y sus jugos sobre los panecillos, presionando la pasta de tomate y los tomates para que los jugos se absorban en el pan.

e) Espolvorea con orégano desmenuzado, luego cubre con el jamón y el queso. Cierre y presione bien, luego cepille ligeramente con aceite de oliva.

f) Caliente una sartén antiadherente pesada o una prensa para panini a fuego medio-alto, luego agregue los sándwiches. Si usa una sartén, pese los sándwiches hacia abajo .

g) Baje el fuego a medio-bajo y cocine hasta que esté ligeramente crujiente por fuera y el queso comience a derretirse. Dar la vuelta y dorar por el segundo lado.

h) Cortar por la mitad y servir inmediatamente, con un puñado de aceitunas mixtas al lado.

76. <u>Tomate y Queso Mahón en Pan de Aceitunas</u>

HACE 4

INGREDIENTES :

- 10-12 hojas de salvia pequeñas y frescas
- 3 cucharadas de mantequilla sin sal
- 1 cucharada de aceite de oliva virgen extra
- 8 rebanadas de pan de campo
- 4 onzas de prosciutto, en rodajas finas
- 10 a 12 onzas de queso de montaña de sabor completo, como fontina, Beaufort añejo o Emmentaler
- 2 dientes de ajo, picados

INSTRUCCIONES

a) En una sartén antiadherente pesada, mezcle las hojas de salvia, la mantequilla y el aceite de oliva a fuego medio-bajo hasta que la mantequilla se derrita y forme espuma.

b) Mientras tanto, extienda 4 rebanadas de pan, cubra con el prosciutto, luego la fontina, luego una pizca de ajo. Coloque el pan restante encima y presione firmemente.

c) Coloque suavemente los sándwiches en la mezcla de mantequilla de salvia caliente; es posible que deba hacerlo en varios lotes o usar 2 moldes. Peso con una sartén pesada en la parte superior para presionar los sándwiches hacia abajo. Cocine hasta que esté ligeramente crujiente por fuera y el queso comience a derretirse. Dar la vuelta y dorar por el segundo lado.

d) Sirva los sándwiches calientes y crujientes, cortados en mitades diagonales. Deseche las hojas de salvia o córtelas, crujientes y doradas.

77. <u>Sándwich de emmental y pera</u>

PARA 4 PERSONAS

INGREDIENTES :

- 8 rodajas finas de pain au levain, masa fermentada o pan integral de centeno agrio
- 4 onzas de queso Emmentaler, en rodajas finas
- 1 pera madura pero firme, sin pelar y en rodajas muy finas
- 4 onzas de queso Appenzell, en rodajas finas
- Varias pizcas de semillas de comino Mantequilla blanda o aceite de oliva para untar el pan

INSTRUCCIONES

a) Coloque 4 rebanadas de pan en una superficie de trabajo, luego cubra con una capa de queso Emmentaler, luego la pera, luego un poco de queso Appenzell y una pizca de semillas de comino. Cubra cada sándwich con una segunda rebanada de pan y presione firmemente para sellar.

b) Unte el exterior de cada sándwich ligeramente con mantequilla. Caliente una sartén antiadherente pesada o una prensa para sándwiches a fuego medio-alto. Ponle peso a los sándwiches . Dorar, volteando una o dos veces, hasta que el pan esté crujiente y dorado y el queso se haya derretido.

c) Sirva de inmediato.

78. <u>Pumpernickel y Gouda a la parrilla</u>

PARA 4 PERSONAS

INGREDIENTES :

Mostaza con perejil y estragón

- 3 cucharadas de mostaza integral
- 3 cucharadas de mostaza Dijon suave
- 2 cucharadas de perejil de hoja plana fresco picado
- 1 cucharada de estragón fresco picado
- 1 diente de ajo pequeño, picado
- Unas gotas de vinagre de vino tinto o blanco, al gusto

Sándwiches

- 8 rebanadas de pan de centeno oscuro suave
- 8 onzas de queso gouda, manchego o similar añejo con nueces
- Mantequilla blanda o aceite de oliva para pintar el pan

INSTRUCCIONES

a) Para hacer la mostaza de perejil y estragón: combine las mostazas integrales y Dijon en un tazón pequeño y agregue el perejil, el estragón y el ajo. Añadir unas gotas de vinagre al gusto y reservar. Hace alrededor de $1/3$ taza.

b) Para hacer los sándwiches: Coloque 4 rebanadas de pan en una superficie de trabajo. Agregue una capa de queso, luego cubra con la segunda rebanada de pan. Presione juntos y unte ligeramente o cepille el exterior con la mantequilla.

c) Caliente una sartén antiadherente pesada o una prensa para panini a fuego medio-alto y agregue los sándwiches. Pese con una segunda sartén y reduzca el fuego a medio-bajo. Cocine hasta que el primer lado esté crujiente y dorado, luego voltee y cocine el segundo lado hasta que el queso se derrita.

d) Sirva de inmediato, con la mostaza de perejil y estragón al lado, para untar como desee.

79. <u>Pavo Ahumado, Taleggio y gorgonzola</u>

PARA 4 PERSONAS

INGREDIENTES :

- 1 pan italiano suave, plano y aireado, como ciabatta, o 4 panecillos italianos/franceses suaves; si están disponibles a medio cocer, elija estos
- 6 onzas de queso Gorgonzola, en rodajas finas o desmenuzado grueso
- 8 onzas de pavo ahumado, en rodajas finas
- 1 manzana mediana o 2 pequeñas, crujientes pero sabrosas, sin corazón, sin pelar y en rodajas muy finas
- 6 onzas de queso Taleggio, Teleme, Jack o tomme de montagne, cortado en 4 rebanadas (depende de usted dejar la corteza de Taleggio o cortarla; la corteza tiene un sabor ligeramente fuerte que a algunos les encanta, a otros enfáticamente no .)
- Aceite de oliva para pincelar el pan

INSTRUCCIONES

a) Cortar el pan en 4 trozos del mismo tamaño. Corta cada trozo de pan horizontalmente, dejando 1 lado conectado si es posible.

b) Abre las 4 piezas de pan. En 1 lado, coloque una capa de Gorgonzola, pavo ahumado y rodajas de manzana en cantidades iguales. Cubra con el Taleggio y cierre bien los sándwiches, presionando firmemente para cerrar.

c) Cepille los sándwiches, arriba y abajo, con aceite de oliva, luego caliente una sartén antiadherente pesada a fuego medio-alto. Coloque los sándwiches en la sartén caliente y reduzca el fuego de inmediato a muy bajo. Ponga peso encima , o use una prensa para sándwich o una prensa para panini.

d) Cocine hasta que estén doradas y tostadas, luego dé la vuelta y dore ligeramente los segundos lados. Revisa cada cierto tiempo para asegurarte de que el pan no se esté quemando.

e) Sirva tan pronto como ambos lados estén crujientes y el queso se derrita.

80. <u>Jarlsberg derretido en masa fermentada</u>

PARA 4 PERSONAS

INGREDIENTES :

- 8 rebanadas de pan de masa madre de grosor medio
- 8 onzas de Jarlsberg o un queso derretido suave como Jack
- 2 pimientos rojos asados, en rodajas, o 3 a 4 cucharadas de pimientos rojos asados picados
- 2 dientes de ajo, en rodajas finas
- 2 cucharaditas de hojas de romero fresco picadas, o al gusto
- Aceite de oliva para pincelar el pan

INSTRUCCIONES

a) Coloque 4 rebanadas de pan en una superficie de trabajo y cubra con el queso, luego agregue los pimientos rojos, el ajo y el romero. Cubra con las rebanadas de pan restantes y presione suavemente. Cepille el exterior de cada sándwich ligeramente con el aceite.

b) Caliente una sartén antiadherente pesada o una prensa para sándwiches a fuego medio-alto y agregue los sándwiches, trabajando en varios lotes si es necesario. Baje el fuego a medio-bajo, dorando los sándwiches lentamente (presione con la espátula para que queden crujientes), hasta que estén ligeramente crujientes por fuera y el queso comience a derretirse. Voltee y repita en el segundo lado.

c) Sirva cada sándwich cortado en mitades o cuartos.

81. <u>Torta de Pollo, Queso Fresco y Gouda</u>

PARA 4 PERSONAS

INGREDIENTES :

- 2 salchichas de salvia/hierbas (alrededor de 14 onzas), ya sea de cerdo, pavo o vegetariana
- 6 onzas de queso Jack o Asiago mediano rallado
- 1—2 cucharadas (alrededor de 2 onzas) de queso añejo recién rallado, como parmesano, localli Romano o dry Jack
- 2 cebollas verdes, en rodajas finas
- 2 o 3 cucharaditas de crema agria Una pizca de semillas de comino Una pizca diminuta de cúrcuma Una pizca de mostaza marrón
- Una pizca de pimienta de cayena o unas gotas de salsa picante
- 8 rebanadas finas de pan integral (como bayas de trigo, semillas de girasol o trigo germinado)
- 2—3 cucharadas de aceite de oliva virgen extra
- 3 dientes de ajo, en rodajas finas
- 1-2 limones en conserva al estilo marroquí, bien lavados y cortados en rodajas o picados
- 1—2 cucharaditas de perejil fresco de hoja plana finamente picado

INSTRUCCIONES

a) Corta las salchichas en dados gruesos, luego dóralas rápidamente a fuego medio en una sartén antiadherente pequeña. Retire de la sartén, coloque sobre toallas de papel y deje enfriar. Deje la sartén en la estufa y apague el fuego.

b) En un tazón mediano, mezcle los 2 quesos con las cebollas verdes, la crema agria, las semillas de comino, la cúrcuma, la mostaza y la pimienta de cayena. Cuando la salchicha esté fría, mézclala con el queso.

c) Apila 4 rebanadas de pan con la mezcla de queso y salchichas, luego cubre con una segunda rebanada de pan. Golpee bien y presione ligera pero firmemente para que el sándwich se mantenga unido.

d) Vuelva a calentar la sartén a fuego medio-alto y agregue aproximadamente la mitad del aceite de oliva y el ajo, luego empuje el ajo hacia un lado y agregue 1 o 2 sándwiches, cualquiera que sea la capacidad de la sartén. Cocine hasta que estén ligeramente crujientes por un lado y el queso comience a derretirse.

e) Voltee y cocine el segundo lado hasta que esté dorado. Retire a un plato y repita con los otros sándwiches, el ajo y el aceite. Puede desechar el ajo ligeramente dorado o mordisquearlo; hagas lo que hagas, retíralo de la sartén antes de que se ennegrezca, ya que le dará un sabor amargo al aceite si se quema.

f) Sirva los sándwiches de inmediato, muy calientes, cortados en triángulos y espolvoreados con el limón en conserva y el perejil picado.

82. Panini de berenjena a la parmesana

PARA 4 PERSONAS

INGREDIENTES :

- ¼ taza de aceite de oliva virgen extra, o al gusto, dividido
- 1 berenjena mediana, en rodajas de ½ a ¾ de pulgada de grosor
- Sal
- 4 panecillos grandes, tiernos, de masa madre o dulces
- 3 dientes de ajo, picados
- 8 hojas grandes de albahaca fresca
- Aproximadamente ½ taza de queso ricota
- 3 cucharadas de queso parmesano, pecorino o locatelli romano recién rallado
- 6 a 8 onzas de queso mozzarella fresco
- 4 tomates maduros y jugosos, en rodajas finas (incluidos sus jugos)

INSTRUCCIONES

a) Coloque las rodajas de berenjena en una tabla de cortar y espolvoree generosamente con sal. Deje reposar durante unos 20 minutos o hasta que aparezcan gotitas de humedad en la superficie de la berenjena. Enjuague bien, luego seque la berenjena.

b) Caliente 1 cucharada de aceite en una sartén antiadherente pesada a fuego medio. Agregue la mayor cantidad de berenjena que quepa en una sola capa y no se amontonen entre sí. Dore las rodajas de berenjena, moviéndolas para que se doren y se cocinen pero no se quemen.

c) Voltee y cocine del otro lado hasta que ese lado también esté ligeramente dorado y la berenjena esté tierna al pincharla con un tenedor. Cuando la berenjena esté cocida, retírela a un plato o sartén y continúe agregando la berenjena hasta que esté toda cocida. Ponga a un lado por unos minutos.

d) Abre los rollos y saca un poco del interior esponjoso, luego espolvorea cada lado cortado con ajo picado. En un lado de cada rollo, coloque una rodaja o 2 de berenjena, luego cubra con una hoja o 2 de albahaca, un poco de queso ricotta, una pizca de queso parmesano y una capa de mozzarella. Termina con los tomates rebanados; cierre y presione suavemente para sellar juntos.

e) Calienta la misma sartén a fuego medio-alto o usa una prensa para panini y unta ligeramente los sándwiches con un poco de aceite de oliva por fuera. Dore o cocine a la parrilla los sándwiches , presionando mientras se doran y quedan crujientes.

f) Cuando el primer lado esté dorado, voltee y dore el segundo lado hasta que el queso se derrita. Sirva de inmediato.

83. <u>Berenjenas a la plancha y Chaumes</u>

4 RACIONES

INGREDIENTES :

AIOLI DE CHILE ROJO

- 2—3 dientes de ajo, picados
- 4—6 cucharadas de mayonesa Jugo de ½ limón o lima (alrededor de 1 cucharada o al gusto)
- 2—3 cucharaditas de chile en polvo 1 cucharadita de paprika
- ½ cucharadita de comino molido Una pizca grande de hojas secas de orégano, trituradas
- 2 cucharadas de aceite de oliva virgen extra
- Varios batidos con salsa de chile ahumado como Chipotle Tabasco o Buffala
- 2 cucharadas de cilantro fresco picado grueso
- 1 berenjena, cortada transversalmente en rodajas de ¼ a ½ pulgada de grosor Aceite de oliva
- 4 panecillos blancos o de masa madre tiernos, u 8 rebanadas de pan blanco o de masa madre estilo rústico
- ¾ taza de pimientos rojos y/o amarillos asados marinados
- Alrededor de 12 onzas de queso semiblando pero sabroso

INSTRUCCIONES

a) Para hacer el alioli de chile rojo: en un tazón pequeño, combine el ajo con la mayonesa, el jugo de limón, el chile en polvo, el pimentón, el comino y el orégano; revuelva bien para combinar. Con su cuchara o un batidor, agregue el aceite de oliva, agregue el aceite unas cuantas cucharaditas a la vez y bátalo hasta que se incorpore a la mezcla antes de agregar el resto.

b) Cuando esté suave, agregue la salsa de chile ahumado al gusto y, finalmente, agregue el cilantro. Cubra y enfríe hasta que esté listo para usar. Hace alrededor de $1/3$ taza.

c) Para preparar la berenjena, cepille ligeramente las rodajas de berenjena con aceite de oliva y caliente una sartén antiadherente pesada a fuego medio-alto. Dore las rodajas de berenjena por cada lado hasta que estén ligeramente doradas y tiernas al pincharlas con un tenedor. Dejar de lado.

d) Para hacer los sándwiches: Coloque los panecillos suaves abiertos y cubra generosamente el alioli de chile rojo en el interior. Coloque rodajas de berenjena en un lado de los rollos, luego los pimientos, luego una capa de queso. Cierra y presiona bien. Cepille ligeramente el exterior de cada sándwich con aceite de oliva.

e) Caliente la sartén nuevamente a fuego medio-alto, luego agregue los sándwiches y reduzca el fuego a medio-bajo. Reduzca el peso de los sándwiches y cocine por unos minutos. Cuando el pan de abajo esté dorado y ligeramente dorado en algunos lugares, déle la vuelta y cocine el otro lado, con un peso similar.

f) **5** Cuando ese lado también esté dorado y crujiente, el queso debe estar derretido y pegajoso; puede estar rezumando un poco y crujiente como lo hace. (No deseche estos deliciosos trozos crujientes, simplemente colóquelos en cada plato junto con el sándwich).

g) Retire los sándwiches a los platos; cortar en mitades y servir.

h) Tocino ahumado y queso cheddar con condimento de chipotle

i) Condimento de chipotle ahumado, una pizca de mostaza picante, tocino ahumado carnoso y queso cheddar fuerte y picante: no hay nada sutil en este sándwich de gran sabor. ¡Prueba también el condimento de chipotle en una hamburguesa! Un vaso de cerveza con una rodaja de lima al lado se acerca a la perfección.

84. <u>Champiñones y Queso Fundido sobre Pain au Levain</u>

PARA 4 PERSONAS

INGREDIENTES :

- 1—1½ onzas de porcini o cèpes secos,
- Aproximadamente ½ taza de crema espesa
- Sal
- Unos granos de pimienta de cayena
- Unas gotas de jugo de limón fresco
- ½ cucharadita de maicena, mezclada con 1 cucharadita de agua
- 8 rebanadas de pain au levain u otro pan francés
- Aproximadamente 1 cucharada de mantequilla blanda para untar en el pan
- 2 dientes de ajo, finamente picados
- 8 a 10 onzas de queso pecorino, fontina o Mezzo Secco en rodajas
- 4 cucharadas de queso parmesano recién rallado
- Aproximadamente ¼ de taza de cebollín fresco finamente picado

INSTRUCCIONES

a) En una cacerola pesada, combine los champiñones y 2 tazas de agua. Lleve a ebullición, luego reduzca el fuego y cocine a fuego lento hasta que el líquido casi se evapore y los champiñones se ablanden, de 10 a 15 minutos.

b) Agregue la crema y vuelva al fuego durante unos minutos, luego sazone con sal, solo uno o dos granos de cayena y solo una gota o dos de jugo de limón.

c) Agregue la mezcla de maicena y caliente a fuego medio-bajo hasta que espese. Debe espesar tan pronto como los bordes comiencen a burbujear. Debido a que la crema puede variar en espesor, no hay forma de saber exactamente cuánta maicena necesitarás.

d) Una vez que esté lo suficientemente espesa, deja la mezcla a temperatura ambiente para que se enfríe. Se espesará más a medida que se enfríe. Quieres una consistencia espesa para untar.

e) Coloque todo el pan y cepille 1 lado de cada rebanada muy ligeramente con la mantequilla. Darles la vuelta, luego en 4 de ellos, espolvorear el ajo. Cubra con las rebanadas de pecorino, algunos de los trozos de champiñones de la salsa y una pizca de queso parmesano.

f) En las otras 4 piezas de pan (lado sin mantequilla), unte la salsa de champiñones con una capa espesa. Cierra bien los sándwiches. Los lados con mantequilla estarán en el exterior.

g) Caliente una sartén antiadherente pesada a fuego medio-bajo. Agregue los sándwiches, 1 o 2 a la vez, dependiendo del tamaño de la sartén, y péselos con una sartén pesada).

h) Cocine hasta que el pan esté dorado y ligeramente dorado en algunos lugares, deliciosamente crujiente, y el queso comience a rezumar. Voltee y repita hasta que el segundo lado esté tan dorado y crujiente como el primero, agregando el ajo picado a la sartén durante el último minuto de cocción. El queso ya debería estar líquido, con algunos pedacitos saliendo y ligeramente crujientes en el borde de la corteza.

i) Colocar en un plato, cortar por la mitad o en cuartos, y espolvorear el plato con cebollino. Coma de inmediato. No hay nada tan empapado como un sándwich frío de queso a la parrilla.

85. <u>siciliano salteado con alcaparras y alcachofas</u>

PARA 4 PERSONAS

INGREDIENTES :

- 4-6 corazones de alcachofa marinados, en rodajas
- 4 rebanadas gruesas de pan de campo, ya sea dulce o de masa madre
- 12 onzas de queso provolone, mozzarella, manouri u otro queso suave y derretido, rallado
- 2 cucharadas de aceite de oliva virgen extra
- 4 dientes de ajo, en rodajas muy finas o picadas
- Aproximadamente 2 cucharadas de vinagre de vino tinto
- 1 cucharada de alcaparras en salmuera, escurridas
- 1 cucharadita de orégano seco desmenuzado
- Pimienta negra molida varias
- 1—2 cucharaditas de perejil de hoja plana fresco picado

INSTRUCCIONES

a) Precaliente el asador.
b) Coloque las alcachofas sobre el pan y colóquelas en una bandeja para hornear, luego cubra con el queso.
c) En una sartén antiadherente pesada, caliente el aceite de oliva a fuego medio-alto, luego agregue el ajo y dore ligeramente. Agregue el vinagre de vino tinto, las alcaparras, el orégano y la pimienta negra, y cocine uno o dos minutos, o hasta que el líquido se reduzca a aproximadamente 2 cucharaditas. Agrega el perejil. Vierta sobre el pan cubierto con queso.
d) Ase a la parrilla hasta que el queso se derrita, burbujee y se dore en algunas partes. Coma de inmediato.

86. de vieiras y pesto

4 RACIONES

INGREDIENTES :

- Dos pechugas de pollo deshuesadas y sin piel de 4 a 5 onzas o chuletas de cerdo, pavo o ternera
- Sal
- Pimienta negra
- 2 cucharadas de aceite de oliva virgen extra, dividido
- 3 dientes de ajo, picados, divididos
- 2 calabacines, en rodajas muy finas y secos
- 2 cucharadas de pesto de albahaca, o al gusto
- 2 cucharadas de queso rallado parmesano, grana o locatelli romano
- 4 rollos de masa fermentada blanda, o cuatro piezas de focaccia de 6 pulgadas, cortadas por la mitad
- 8 a 10 onzas de mozzarella, fontina nacional o danesa, o queso Jack, en rodajas

INSTRUCCIONES

a) Golpea la carne con un mazo para carne; si es espesa, corte el pollo en trozos muy finos. Espolvorear con sal y pimienta.

b) Caliente una sartén antiadherente pesada a fuego medio-alto, luego agregue 1 cucharada de aceite, la carne y finalmente aproximadamente la mitad del ajo. Dore la carne rápidamente por un lado, luego por el otro, luego retírela de la sartén y vierta cualquier trozo de jugo y ajo sobre la carne.

c) Regrese la sartén a fuego medio-alto y agregue otra cucharadita más o menos del aceite. Saltee el calabacín hasta que esté tierno. Retire a un tazón; Condimentar con sal y pimienta. Cuando esté frío, agregue el ajo restante, el pesto y el queso parmesano. Deje que la mezcla se enfríe en un tazón; enjuague y seque la sartén.

d) Con los dedos, arranca un poco del interior esponjoso de cada rollo para dejar espacio para el relleno. Caliente la sartén nuevamente a fuego medio-alto y tueste ligeramente los lados cortados de cada panecillo. Tendrás que presionarlos un poco; pueden rasgarse un poco, pero eso está bien. Volverán a juntarse nuevamente cuando se doren y se presionen con el relleno en su lugar.

e) En la mitad de cada rollo, rellene varias cucharadas de la mezcla de calabacín y pesto, luego cubra con una capa de carne y mozzarella. Cierra y presiona bien para sellar bien.

f) Cepille el aceite restante en el exterior de los sándwiches. Vuelve a calentar la sartén a fuego medio-alto. Preparamos sándwiches para ayudar a presionarlos y mantenerlos juntos. Reduzca el fuego a medio-bajo y cocine hasta que el primer lado esté crujiente y dorado y el queso comience a derretirse. Voltee y repita.

g) Sirva cuando los sándwiches estén dorados y el queso se derrita seductoramente.

87. <u>Mozzarella</u>, albahaca piadina

4 RACIONES

INGREDIENTES :

- 4 tortillas de harina piadine o medianas (12 pulgadas)
- 3—4 cucharadas de pasta de tomate
- 1 tomate maduro grande, en rodajas finas
- 1—2 dientes de ajo, picados
- 4 a 6 onzas de queso mozzarella fresco, en rodajas
- Aproximadamente 12 hojas de albahaca tailandesa o vietnamita (o albahaca ordinaria)
- Alrededor de 3 onzas de queso Gorgonzola, rebanado o desmenuzado
- 2-3 cucharadas de queso parmesano recién rallado u otro queso para rallar como Asiago o grana
- Aceite de oliva virgen extra para rociar

INSTRUCCIONES

a) Precaliente el asador.

b) Coloque la piadina en 1 o 2 bandejas para hornear y extiéndalas con un poco de pasta de tomate, luego cubra con una pequeña cantidad de tomate y espolvoree con el ajo. Cubra con mozzarella, albahaca y Gorgonzola, espolvoree con queso parmesano y luego rocíe con aceite de oliva.

c) Ase, trabajando en lotes si es necesario, hasta que el queso se derrita y los sándwiches estén muy calientes. Sirva de inmediato.

88. Quesadillas en Tortillas de Calabaza

4 RACIONES

INGREDIENTES :

- 2 chiles verdes suaves grandes como Anaheim o poblano, o 2 pimientos verdes
- 1 cebolla, picada
- 2 dientes de ajo, picados
- 1 cucharada de aceite de oliva virgen extra
- 1 libra de carne molida magra
- 1/8 –¼ de cucharadita de canela molida, o al gusto
- ¼ de cucharadita de comino molido Una pizca de clavo molido o pimienta de Jamaica
- 1/3 taza de jerez seco o vino tinto seco
- ¼ taza de pasas
- 2 cucharadas de pasta de tomate
- 2 cucharadas de azúcar
- Unos batidos de vino tinto o vinagre de jerez.
- Sal
- Pimienta negra
- Unos batidos de cayena o Tabasco si usa pimientos en lugar de chiles
- ¼ taza de almendras picadas en trozos grandes
- 2—3 cucharadas de cilantro fresco picado en trozos grandes, más extra para decorar
- 8 tortillas de calabaza
- 6 a 8 onzas de queso suave como Jack, manchego o Mezzo Secco
- Aceite de oliva para pincelar tortillas
- Aproximadamente 2 cucharadas de crema agria para decorar

INSTRUCCIONES

a) Asa los chiles o pimientos sobre una llama abierta hasta que estén ligeramente carbonizados y uniformemente por todas partes. Colóquelo en una bolsa de plástico o en un recipiente y cúbralo. Deje reposar durante al menos 30 minutos, ya que el vapor ayuda a separar la piel de la carne.

b) Prepara el picadillo: saltea la cebolla y el ajo en el aceite de oliva a fuego medio hasta que se ablanden, luego agrega la carne y cocina juntos, revolviendo y deshaciendo la carne mientras cocinas. Cuando la carne esté dorada en puntos, espolvorea con la canela, el comino y los clavos y continúa cocinando y revolviendo.

c) Agregue el jerez, las pasas, la pasta de tomate, el azúcar y el vinagre. Cocine juntos durante unos 15 minutos, revolviendo cada cierto tiempo; si parece seco, agregue un poco de agua o más jerez. Sazone con sal, pimienta y cayena, y ajuste el azúcar y el vinagre al gusto. Agrega las almendras y el cilantro y reserva.

d) Retire la piel, los tallos y las semillas de los pimientos, luego córtelos en tiras.

e) Disponer 4 de las tortillas y untar con el picadillo. Agregue las tiras de pimiento asado, luego una capa de queso y cubra cada una con una segunda tortilla. Presione hacia abajo con firmeza para mantenerlos juntos.

f) Caliente una sartén antiadherente pesada a fuego medio-alto. Cepille ligeramente el exterior de las quesadillas con aceite de oliva y agréguelas a la sartén, trabajando en tandas.

g) Baje el fuego a medio-bajo, dore por un lado, luego dé vuelta con cuidado usando la espátula con la guía de su mano si es necesario. Cocine en el segundo lado hasta que estén dorados en algunos puntos y el queso se derrita.

h) Sirva inmediatamente, cortado en gajos, adornado con una cucharada de crema agria y cilantro.

89. <u>Quesadillas de Queso de Oveja a la Plancha</u>

4 RACIONES

INGREDIENTES :

- 8 tortillas de harina grandes
- 1 cucharada de estragón fresco picado
- 2 tomates maduros grandes, en rodajas finas
- 8—10 onzas de queso de oveja ligeramente seco
- Aceite de oliva, para pincelar tortillas

INSTRUCCIONES

a) Coloque las tortillas sobre una superficie de trabajo, espolvoree con el estragón y cubra con los tomates. Cubra con el queso y cubra cada una con una segunda tortilla.

b) Cepille cada sándwich con aceite de oliva y caliente una sartén antiadherente pesada o una parrilla plana a fuego medio. Trabajando 1 a la vez, cocine la quesadilla en 1 lado; cuando esté ligeramente dorado y el queso se esté derritiendo, dale la vuelta y cocina el segundo lado, presionando mientras se cocina para aplanarlo.

c) Servir inmediatamente, cortar en gajos.

90. <u>Tostadas con Fresas y Queso Crema</u>

4 RACIONES

INGREDIENTES :

- 8 rebanadas medianas de pan blanco suave y dulce, como jalá o brioche
- 8-12 cucharadas (alrededor de 8 onzas) de queso crema (bajo en grasa está bien)
- Aproximadamente ½ taza de mermelada de fresa
- 1 taza (alrededor de 10 onzas) de fresas rebanadas
- 2 huevos grandes, ligeramente batidos
- 1 yema de huevo
- Aproximadamente ½ taza de leche (baja en grasa está bien)
- Un toque de extracto de vainilla
- Azúcar
- 2—4 cucharadas de mantequilla sin sal
- ½ cucharadita de jugo de limón fresco
- ½ taza de crema agria
- Varias ramitas de menta fresca, en rodajas finas

INSTRUCCIONES

a) Unte 4 rebanadas de pan con el queso crema en una capa gruesa, estrechando un poco hacia los lados para que el queso crema no se escape en la cocción, luego unte las otras 4 rebanadas de pan con las conservas.

b) Esparza una capa ligera de fresas sobre la parte superior del queso crema.

c) Cubra cada trozo de pan untado con queso con un trozo de pan untado con mermelada. Presione suave pero firmemente para sellar.

d) En un recipiente poco profundo, combine los huevos, la yema de huevo, la leche, el extracto de vainilla y aproximadamente 1 cucharada de azúcar.

e) Caliente una sartén antiadherente pesada a fuego medio-alto. Agrega la mantequilla. Sumerja cada sándwich, 1 a la vez, en el recipiente con la leche y el huevo. Déjalo en remojo por un momento o 2, luego dale la vuelta y repite.

f) Coloque los sándwiches en la sartén caliente con la mantequilla derretida y déjelos cocinar hasta que estén dorados. Voltee y dore ligeramente los segundos lados.

g) Mientras tanto, combine las fresas restantes con azúcar al gusto y el jugo de limón.

h) Sirve cada sándwich tan pronto como esté listo, adornado con una o dos cucharadas de fresas y una cucharada de crema agria.

i) Espolvoréelos con un poco de menta también.

91.   <u>**Sándwiches de budín de pan**</u>

4 RACIONES

INGREDIENTES :

- ¾ taza de azúcar morena clara envasada
- ¼ taza de azúcar, dividida
- 5-6 dientes
- 1/8 de cucharadita de canela molida, y un poco más para agitar encima
- 1 manzana grande y ácida como Granny Smith, sin pelar y en rodajas finas
- ¼ taza de pasas
- ½ cucharadita de extracto de vainilla
- 8 rebanadas gruesas (¾ a 1 pulgada) de pan francés
- 6 a 8 onzas de queso fundido suave como Jack, o un Cheddar blanco muy suave, en rodajas
- ½ taza de almendras blanqueadas o piñones fileteados
- Unas 3 cucharadas de mantequilla
- 1 cucharada de aceite de oliva

INSTRUCCIONES

a) En una cacerola de fondo grueso, combine el azúcar moreno con 2 cucharadas de azúcar, los clavos y la canela. Agregue 2 tazas de agua y revuelva para mezclar bien.

b) Coloque a fuego medio-alto y deje hervir, luego reduzca el fuego a medio-bajo, hasta que el líquido forme un ligero burbujeo a fuego lento. Cocine por 15 minutos, o hasta que se forme un almíbar. Agregue las rodajas de manzana y las pasas, luego cocine 5 minutos más. Retire del fuego y agregue la vainilla.

c) Acomode las rebanadas de pan en una superficie de trabajo. Vierta el jarabe caliente sobre cada pieza de pan, varias cucharadas por pieza. Voltee cuidadosamente cada pieza y vierta el jarabe caliente sobre los segundos lados. Dejar durante unos 30 minutos.

d) Vierta un poco más de jarabe en el pan, nuevamente aproximadamente una cucharada por rebanada de pan. El pan se ablandará bastante y correrá el riesgo de desmoronarse a medida que absorba el jarabe dulce, así que tenga cuidado al manipularlo. Dejar otros 15 minutos más o menos.

e) Coloque una rebanada de queso encima de 4 rebanadas de pan remojado. Cubra cada uno con aproximadamente ¼ de las manzanas, las pasas y una pizca de almendras (reserve un poco para el final). Cubra con las rebanadas de pan restantes para formar 4 sándwiches . Presione juntos.

f) Caliente una sartén antiadherente pesada a fuego medio-alto, luego agregue aproximadamente 1 cucharada de mantequilla y aceite de oliva. Cuando la mantequilla haga espuma y se dore, agregue los sándwiches. Reduzca el fuego a medio y cocine, presionando suavemente con la espátula. Ajuste el calor a medida que se doran los sándwiches, y bájelo según sea necesario para mantener el azúcar en el almíbar dorándose pero sin quemarse.

g) Voltee los sándwiches varias veces, agregando más mantequilla a la sartén, teniendo cuidado de que los sándwiches no se deshagan al darles la vuelta. Presione de vez en cuando, hasta que el exterior de los sándwiches esté dorado y crujiente y el queso se haya derretido.

h) Uno o dos minutos antes de que alcancen este estado, echa las almendras restantes en la sartén y déjalas tostar y dorar ligeramente. Espolvorea los sándwiches y las almendras con las 2 cucharadas de azúcar restantes.

i) Sirva inmediatamente, cada sándwich espolvoreado con las almendras tostadas.

92. <u>de cereales y queso</u>

Rendimiento: 4 porciones

INGREDIENTES :
- 1½ taza Champiñones, picados
- ½ taza cebollas verdes, picadas
- 1 cucharada Margarina
- ½ taza Copos de avena, regular
- ½ taza Arroz integral, cocido
- ⅔ taza queso rallado, muzzarella
- o queso cheddar
- 3 cucharadas nueces picadas
- 3 cucharadas Queso cottage o ricota
- Bajo en grasa
- 2 grandes Huevos
- 2 cucharadas perejil picado
- Sal pimienta

INSTRUCCIONES
a) En una sartén antiadherente de 10 a 12 pulgadas a fuego medio, cocine los champiñones y las cebollas verdes en la margarina hasta que las verduras estén blandas, aproximadamente 6 minutos. Agregue la avena y revuelva durante 2 minutos.

b) Retire del fuego, deje enfriar un poco, luego agregue el arroz cocido, el queso, las nueces, el requesón, los huevos y el perejil. Añadir sal y pimienta al gusto. En una bandeja para hornear engrasada de 12X15 pulgadas, forme 4 hamburguesas, cada una de ½ pulgada de grosor.

c) Ase a 3 pulgadas del fuego, volteando una vez, de 6 a 7 minutos en total. Sirva sobre pan con mayonesa, aros de cebolla y lechuga.

93. <u>Hamburguesa black angus con queso cheddar</u>

Rendimiento: 1 Porciones

INGREDIENTES :

- 2 libras Carne de res Angus molida
- 3 Chiles poblanos asados, sin semillas y; cortar en tercios
- 6 rebanadas queso cheddar amarillo
- 6 rollos de hamburguesa
- Lechuga de roble rojo bebé
- Cebollas rojas encurtidas
- Vinagreta de chile poblano
- Sal y pimienta negra recién molida

INSTRUCCIONES

a) Prepare un fuego de leña o carbón y déjelo reducirse a brasas.

b) En un tazón grande, sazone la carne angus con sal y pimienta. Refrigere hasta que esté listo para su uso. Cuando esté listo para usar, forme discos de 1 pulgada de grosor.

c) Ase a la parrilla durante cinco minutos por cada lado para que quede medio cocido. Durante los últimos cinco minutos cubra con queso cheddar. Cuando termine de asar, en la mitad del rollo coloque la hamburguesa y cubra con roble rojo, chiles poblanos, vinagreta y cebollas rojas en escabeche. Servir inmediatamente.

94. <u>Sándwich de tomate y queso americano a la plancha</u>

Rendimiento: 4 porciones

INGREDIENTES :

- 8 rebanadas pan blanco
- Manteca
- mostaza preparada
- 8 rebanadas queso americano
- 8 rebanadas Tomate

INSTRUCCIONES

a) Para cada sándwich, unte con mantequilla 2 rebanadas de pan blanco. Unte los lados sin mantequilla con mostaza preparada y coloque 2 rebanadas de queso americano y dos rebanadas de tomate entre el pan, con los lados con mantequilla hacia afuera.

b) Dorar en una sartén por ambos lados o asar hasta que el queso se derrita.

95. <u>Manzana asada y queso</u>

Rendimiento: 2 porciones

INGREDIENTES :
- 1 pequeño Manzana roja deliciosa
- ½ taza 1% de requesón bajo en grasa
- 3 cucharadas Cebolla morada finamente picada
- 2 Panecillos ingleses de masa fermentada, partidos y tostados
- ¼ taza Queso azul desmenuzado

INSTRUCCIONES

a) Descorazone la manzana y córtela transversalmente en 4 anillos (¼ de pulgada); dejar de lado.

b) Combine el requesón y la cebolla en un tazón pequeño y revuelva bien. Extienda aproximadamente 2 ½ cucharadas de la mezcla de requesón en cada mitad de muffin.

c) Cubra cada mitad de muffin con 1 anillo de manzana; espolvorea el queso azul desmenuzado de manera uniforme sobre los aros de manzana. Coloque en una bandeja para hornear.

d) Ase a 3 pulgadas del fuego durante 1-½ minutos o hasta que el queso azul se derrita.

96. <u>Sándwiches de queso azul a la parrilla con nueces</u>

Rendimiento: 1 raciones

INGREDIENTES :

- 1 taza queso azul desmenuzado; (alrededor de 8 onzas)
- ½ taza nueces tostadas finamente picadas
- 16 rebanadas Pan integral; recortado
- 16 pequeños ramitas de berros
- 6 cucharadas Manteca; (3/4 palo)

INSTRUCCIONES

a) Divida el queso y las nueces en partes iguales entre 8 cuadrados de pan. Cubra cada uno con 2 ramitas de berros.

b) Espolvoree con pimienta y cubra con los cuadrados de pan restantes, haciendo un total de 8 sándwiches. Presione juntos suavemente para adherirse.

c) Derrita 3 cucharadas de mantequilla en una plancha o sartén grande antiadherente a fuego medio. Cocine 4 sándwiches en la plancha hasta que estén dorados y el queso se derrita, aproximadamente 3 minutos por lado.

d) Transferir a la tabla de cortar. Repita con las 3 cucharadas de mantequilla restantes y los 4 sándwiches.

e) Corte los sándwiches en diagonal por la mitad. Transferir a los platos y servir.

97. <u>Sándwiches de jamón y queso cheddar a la parrilla</u>

Rendimiento: 1 Porciones

INGREDIENTES :

- ¼ taza (1/2 barra) de mantequilla; temperatura ambiente
- 1 cucharada mostaza de Dijon
- 2 cucharaditas tomillo fresco picado
- 2 cucharaditas perejil fresco picado
- 8 rebanadas de pan estilo campestre de 6x4 pulgadas; (alrededor de 1/2 pulgada de espesor)
- ½ libras Queso cheddar; en rodajas finas
- ¼ libras Jamón ahumado en lonchas finas
- ½ pequeño Cebolla roja; en rodajas finas
- 1 grande Tomate; en rodajas finas

INSTRUCCIONES

a) Mezcle los primeros 4 **INGREDIENTES** en un tazón. Condimentar con sal y pimienta. Coloque 4 rebanadas de pan en la superficie de trabajo.

b) Divida la mitad del queso en partes iguales entre las rebanadas de pan. Cubra con jamón, luego cebolla, tomate y queso restante. Cubra los sándwiches con el pan restante. Unte mantequilla de hierbas en la parte exterior de la parte superior e inferior del sándwich.

c) Caliente una sartén antiadherente grande a fuego medio. Agregue los sándwiches y cocine hasta que los fondos estén dorados, aproximadamente 3 minutos. Voltee los sándwiches, cubra la sartén y cocine hasta que el queso se derrita y el pan esté dorado, aproximadamente 3 minutos.

98. Fiesta Queso y tocino a la parrilla

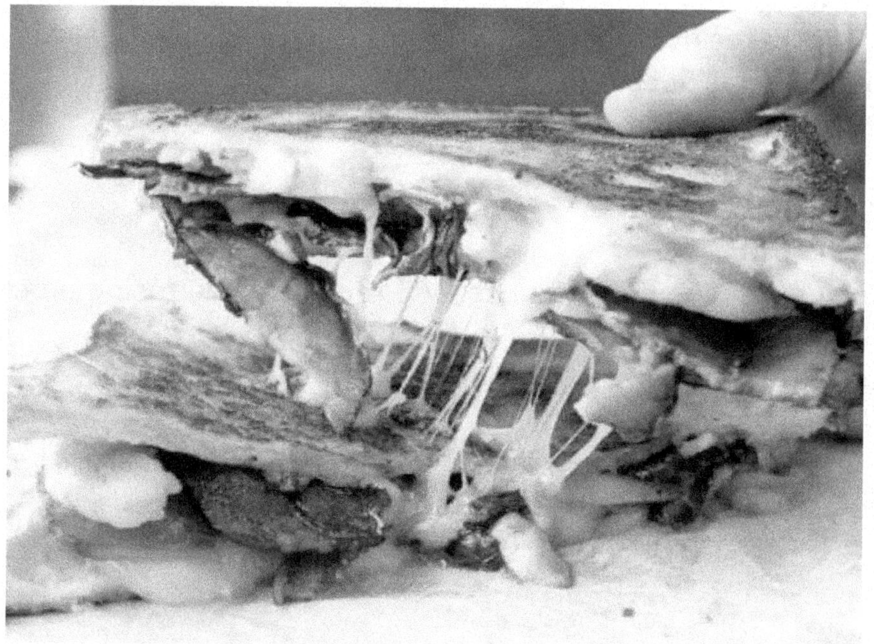

Rendimiento: 100 porciones

INGREDIENTES :
- 12 libras tocino; rebanado
- 5 3/16 libras queso
- 2 libras impresión de mantequilla seguro
- 200 rebanadas pan

INSTRUCCIONES

a) tocino frito

b) Coloque 1 rebanada de queso y 2 rebanadas de tocino en cada sándwich.

c) Cepille ligeramente la parte superior e inferior de los sándwiches con mantequilla o margarina .

d) Ase a la parrilla hasta que los sándwiches estén ligeramente dorados por cada lado y el queso se derrita.

99. <u>Gobblers de queso a la parrilla</u>

Rendimiento: 4 porciones

INGREDIENTES :
- 8 rebanadas Masa madre o multigrano
- Pan
- ½ taza Salsa de arándanos
- 6 onzas Pavo, cocido y rebanado
- 4 onzas Queso cheddar, suave o
- Afilado, en rodajas finas
- Manteca

INSTRUCCIONES

a) Unte 4 rebanadas de pan con salsa de arándanos: cubra con pavo, queso y las rebanadas de pan restantes.

b) Unte ligeramente la parte exterior de los sándwiches con mantequilla; cocina en una sartén grande a fuego medio-bajo hasta que se dore por ambos lados.

 <u>Queso a la parrilla en tostadas francesas</u>

Rendimiento: 4 porciones

INGREDIENTES :
- 2 huevos batidos
- ¼ taza de leche
- ¼ taza de jerez seco
- ¼ cucharadita salsa inglesa
- 8 rebanadas de pan blanco o pan integral
- 4 rebanadas Queso cheddar

INSTRUCCIONES

a) En un recipiente poco profundo, combine los huevos, la leche, el jerez y Worcestershire.

b) Arme 4 sándwiches de queso, luego sumerja cada uno en la mezcla de huevo y cocine a la parrilla lentamente en mantequilla, volteándolos una vez para que ambos lados se doren.

CONCLUSIÓN

Los sándwiches son una comida clásica y conveniente que cualquiera puede disfrutar, ya sea un padre ocupado, un estudiante en movimiento o simplemente buscando una comida sabrosa y satisfactoria. Con las recetas compartidas en este artículo, puede crear deliciosos sándwiches en casa que están llenos de sabor y seguramente lo impresionarán. Entonces, la próxima vez que necesite una comida rápida y sabrosa, considere hacer un sándwich y deleite su paladar.